PASCALE HUGUES

Deutschland
à la française

Aus dem
Französischen von
Elisabeth Thielicke

ROWOHLT

Inhalt

Der Blick von außen 7

Offene Türen 14

Die Kochtöpfe der Republik 27

Stammtisch mit Austern 34

Sprechende Mauern 41

Wohin mit dem Joghurtbecher? 46

Nicht jedes Wort lässt sich exportieren 52

Das Geschlecht der Städte 58

Die Erotik der Warze 63

Mit Niveau 71

Was ist das? 76

Grüße aus der Vergangenheit 85

Das Botox-Schloss 89

Die Kantinen der Macht 95

Das 11. Gebot: Du sollst im Paradies nicht grillen! 107

Was verhüllt das Handtuch des Franzosen? 115

Klassenkampf im Sand   124

Mademoiselle und junge Frau   132

Macarons XXL   137

Zwei Spatzen aus Paris   144

Mord in der Philharmonie   148

DDR, mon amour   152

Alice Schwarzer und die Stöckelschuhe   163

Wie Deutschland lernte zu schlendern   171

Ich suche Berlin   174

Das ist die Freiheit!   181

Eine Trikolore in der S-Bahn   186

Das Schaffen-Chromosom   193

Auf der Suche nach dem modèle allemand   198

Der Blick von außen

Noch immer ist Deutschland nicht meine richtige Heimat. Wird es das irgendwann werden? Und Frankreich ist nicht mehr das vertraute Land meiner Kindheit. Vor so langer Zeit habe ich mein Land verlassen. Zwischen zwei Ländern zu leben heißt, zwei empfindliche kleine Antennen auf dem Kopf zu haben. Ständig registrieren sie die Unterschiede, was hier anders ist als dort. Da ich kein echtes Zuhause mehr habe, sind diese Antennen in beiden Ländern pausenlos aktiv. Sie zeichnen Überraschungen auf, Ticks, Eigenarten, nationale Mythen, Redewendungen, merkwürdige Straßenecken und, warum nicht, Klischees, die man entlarven oder bestätigen möchte. In Frankreich bin ich ein wenig fremd. In Deutschland werde ich es immer bleiben.

Die Jahre vergehen, und Frankreich driftet weg. Ich bin am Ufer zurückgeblieben, in den achtziger Jahren, als ich nach England und später nach Deutschland aufgebrochen bin. Frankreich hat sich verändert, und ich habe seine Metamorphosen nicht miterlebt. Häufig bin ich einfach verwirrt. Die Präsidentschaftswahl 2017 hat wieder gezeigt, was uns trennt: Als ich aus Frankreich wegzog, hat man sich mit dem Front National nicht zeigen lassen wollen. Man stimmte heimlich für diese Partei. Heute kann das Gespräch mit einem Zugnachbarn sehr heikel werden. Was soll ich sagen, wenn er mit breitem Lächeln verkündet, dass er Front National wählt?

Als ich aus Frankreich wegzog, musste man sich für ein Lager entscheiden: «die Rechte» oder «die Linke». Die beiden wechselten sich an der Macht ab. Heute schaffen es die sozialistische Partei und die traditionelle Rechte nicht mal in die Stichwahl. Sie befinden sich in Auflösung. Und jetzt hat ein junger und fast unbekannter Mann die alten Füchse, die sich in ihrer Parteihierarchie mühsam hochgearbeitet hatten, einen nach dem anderen hinter sich gelassen. Wer hätte sich träumen lassen, dass ein parteiloser früherer Investmentbanker in den Élysée-Palast einziehen könnte?

Wie ein Kind, das nicht mitmachen darf, habe ich das Spektakel von Emmanuel Macrons Amtseinführung einen ganzen Sonntag lang aus der Ferne verfolgt, am Fernsehen in meinem Berliner Wohnzimmer. Wieder einmal ist das vertraute Ritual vor mir vorbeigezogen: die Ankunft eines neuen Präsidenten im Ehrenhof des Élysée. Der knirschende Kies unter den Rädern der Staatskarosse. Der lange rote Teppich bis zur Freitreppe, an der der scheidende Präsident den neuen erwartet. Dann die ganze Wucht der Zeremonie im Festsaal: Die Rede des neuen Präsidenten strotzt von Nationalstolz. 2500 Jahre Geschichte und 39 Lebensjahre. Er spricht wie ein Philosoph. Kein falscher Zungenschlag, kein Zögern, kein schiefes Wort. Zu seinen Füßen alles, was die Republik an Würdenträgern aufzubieten hat. Danach schüttelt er Hunderte von Händen, über ihm die riesigen Kronleuchter. Und schließlich die Fahrt über die Champs-Élysées. Allein steht er in einem offenen

Wagen – getreu der gaullistischen Tradition hat Emmanuel Macron ein Militärfahrzeug gewählt – und winkt seinem seit dem Morgengrauen wartenden Volk mit sparsamen Bewegungen zu. Unter dem Arc de Triomphe wird er, gefolgt von den gerührten Blicken der Befehlshaber der französischen Streitkräfte, das Feuer am Grab des Unbekannten Soldaten neu entzünden. Und während ich die fast mystische Zeremonie verfolge, verzaubert und genervt zugleich, prallen in meinen Gedanken andere und sehr viel profanere Bilder aufeinander: Die deutsche Kanzlerin im Blazer und mit flachen Schuhen legt vor dem Bundestag ihren Amtseid ab. Die Sprache ist schlicht, die Gestik nüchtern. Eine Bibel, ein großer Blumenstrauß und Beifall aus den Reihen und von der Tribüne. Das war's schon. Unvorstellbar, Angela Merkel könne Unter den Linden in einem Bundeswehrjeep entlangfahren, um unter dem Brandenburger Tor eine Flamme zu entfachen. Vergleicht man diese beiden Zeremonien, so erkennt man, dass Lichtjahre eine deutsche Kanzlerin von einem französischen Präsidenten trennen. Angela Merkel schwört vor dem Bundestag, ein klarer Hinweis darauf, wer in Deutschland das letzte Wort hat. Ein feierliches Ritual, aber ohne Pathos. Nur die Rentner haben Zeit, es live im Fernsehen mitzuverfolgen. Dagegen die jüngste Machtübergabe in Paris mit ihrem monarchistischen Pomp: Man könnte glauben, Frankreich würde den Präsidenten zum König weihen. Warum nur hat der junge Präsident einer modernen Republik diese Prozeduren, Traditionen, Riten aus einer vergangenen Zeit nicht entstaubt? Eine Wahl, so sagte General de Gaulle es vor einem halben Jahrhundert, ist die Begegnung eines Mannes (damals dachte niemand an eine Frau) mit einem Volk. Der Präsident «verkörpert» Frankreich. Diese romantischen Exzesse machen mir die Deutschen sehr sympathisch, sie, die ihre Kanzlerin «Mutti» getauft haben, so beruhigend, so nahe ist sie ihnen.

Aber schmerzhafter als der politische Wandel zeigen mir die kleinen Dinge, dass ich mich in meinem Land nicht mehr richtig auskenne: eine Kultserie im Fernsehen, von der ich noch nie etwas gehört habe, unverständliche neue Wörter, eine Mode, ein Song ... ganz Frankreich summt ihn, nur ich nicht. Und so packt mich manchmal das Heimweh nach einem Frankreich, das ich verlassen habe und das es nicht mehr gibt. Dann tröste ich mich mit alten Filmen. Wenigstens da hat Frankreich sich nicht weiterbewegt. Seltsames Ritual: Klammere ich mich an veraltete Bilder, weil ich den Graben nicht wahrhaben möchte, der sich zwischen meinem Land und mir aufgetan hat? Weil es mir unerträglich ist, mich dort fremd zu fühlen? Nicht einmal das «typisch französisch», wie es mir in Deutschland angeboten wird, kann mich aufmuntern. Im Gegenteil: Piaf-Lieder, Café au Lait und Croissants, zu viel Folklore, zu viele Klischees, zu dick aufgetragen.

Deutschland dagegen ist mir nähergekommen, es überrascht mich aber bis heute. «Macht es dir nach all den Jahren noch Spaß, unser Land zu beobachten?», fragen meine Freunde. Natürlich ist mein Blick nicht mehr so scharf. Was mich am Anfang erstaunt hat, ist mir heute vertraut. Und oft verlieren meine kleinen Antennen die Orientierung: Was ist deutsch, was ist französisch? Wie kann ich beides auseinanderhalten? Im Lauf der Jahre habe ich die beiden Sprachen vermischt, die alltäglichen Gewohnheiten. Ich sage: «*On va boire un* Schluck», und ich esse lieber Vollkornbrot als Baguette. Bin ich ein bisschen deutsch geworden? Wahrscheinlich schon.

Wenn man im Ausland lebt, selbst wenn dieses Exil freiwillig ist, selbst wenn das neue Land dem alten kulturell nahesteht,

1. Auflage August 2017
Copyright © 2017 by Rowohlt Verlag GmbH,
Reinbek bei Hamburg
«Was ist das?
Chroniques d'une Française à Berlin»
Copyright © 2017 Pascale Hugues
Redaktion Regina Carstensen
Satz aus der Dante MT Pro
bei Pinkuin Satz und Datentechnik, Berlin
Druck und Bindung CPI books GmbH, Leck, Germany
Printed in Germany
ISBN 978 3 498 03032 2

sitzt man immer zwischen zwei Stühlen, und das ist nicht sehr bequem. Wie oft beneide ich die Menschen aus einem Guss. Lyoneser seit Generationen. Elsässische Freundinnen, die das Straßburg unserer Jugend nicht verlassen haben. Die nie gefragt werden: «Aber als was fühlst du dich denn nun? Noch Französin oder eher Deutsche?»

Manchmal beunruhigt es mich, wie ich zwischen den beiden Ländern hin und her gerissen bin. Aber diese Spannung ist auch kreativ. Aus ihr entspringt die Neugier, die kindliche Freude, durch die Straßen zu flanieren, Gespräche zu belauschen, Eigenheiten zu entdecken. Die Entfernung schärft den Blick und aktiviert die Antennen. Das Vertraute dagegen schläfert die Sinne ein.

Gehe ich in Deutschland aus dem Haus oder steige ich in Frankreich aus dem Flugzeug, beginnen meine Antennen zu vibrieren: In der Sommerhitze erfahre ich am FKK-Strand am Wannsee sehr viel darüber, wie die Deutschen zu ihrem Körper, zur Erotik, zur Freiheit stehen. Bei einem Mittagessen im Restaurant des französischen Senats und ein paar Tage später im Imbiss des Bundesrats lerne ich mehr über die Demokratie in den beiden Ländern als in jeder Vorlesung über Verfassungsrecht. Ein Spaziergang im Jardin du Luxembourg und in seinem Berliner Pendant, dem Tiergarten, zeigt mir, wie sehr die Vorstellungen von Ordnung und Natur sich unterscheiden. Wenn ich in einem Café genau hinschaue, sehe ich, wie unterschiedlich man in Stuttgart und Dijon flirtet. Mülltrennung, die Art, wie und was man zu Abend isst, wie man sich am Telefon meldet, wen man duzt und wen man siezt – all das lehrt uns eine Menge.

Natürlich fehlt mir die Nähe der Sprache, aber wie ich mich freue, manche Wörter wiederzusehen. Erst dann fällt mir auf, wie raffiniert sie sind und wie unübersetzbar. Versuchen Sie, «*hélas*» ins Deutsche zu übertragen oder «Sehnsucht», «Heimweh», «Fernweh» ins Französische. Und das «*voilà*», das bei den Gesprächen in Frankreich den Takt angibt? Hat es ein Echo im Deutschen?

Manchmal sieht man mehr vom Großen, wenn man sich neigt, um das ganz Kleine genau zu betrachten. Eine deutsche Kanzlerin und ein französischer Präsident sprechen den Namen ihres Landes völlig unterschiedlich aus. Angela Merkel sagt «Deutschland» ohne Pathos, in neutralem Ton, fest, aber sehr schlicht. Jacques Chirac sagte «*La France*», wie in Ekstase.

Der «Blick von außen» ist ein Relikt aus der Zeit, als die verunsicherten Deutschen das Urteil der anderen suchten. Sie wollten gestreichelt werden, aber auch gepeitscht. Ich habe lange gebraucht, um diesen Zwiespalt zu verstehen. Als Französin vom Dienst soll ich noch immer diesem Land den Spiegel vorhalten. Und wir selbstgefälligen Franzosen fallen ins andere Extrem und kümmern uns nicht darum, wie wir bei den Nachbarn ankommen. Aber seit einiger Zeit ändert sich das. Jetzt fragen auch die Franzosen manchmal, was die Deutschen über sie denken: Wie sehen sie unsere korrupten Politiker? Und unsere Wirtschaftskrise? Und schon kehrt sich mein Blick von außen um und richtet sich auf Frankreich. Ich betrachte mein Innen von außen.

Es wird komplizierter, wenn dieser «Blick von außen» von einer Elsässerin kommt. Ist mein Blick von außen nicht auch ein wenig ein Blick von innen? Oder ein Blick von gegenüber? Ganz bestimmt ist er nicht neutral, sondern anders als der einer «Französin von innen» – so nennen wir im Elsass diejenigen, die jenseits der Vogesen leben, die «echten Franzosen». Vielleicht ist der elsässische Blick kritischer, auf jeden Fall ist er vertrauter. Wir Elsässer teilen eine lange Geschichte mit den Deutschen. In Straßburg bin ich von «ihnen» umgeben aufgewachsen, von den Baden-Württembergern, die nebenan lebten. Die Deutschen waren nicht nur vor der Haustür, sondern auch in meinem eigenen Haus: Eine meiner Großmütter war Französin, die andere Deutsche. Man könnte sogar sagen, dass ich mit zwei kleinen Antennen auf dem Kopf geboren bin.

Offene Türen

*F*rühmorgens an einem Samstag im September, Ecke Champs-Élysées und Place de la Concorde. Es ist der Tag der offenen Tür, und heute betritt man den Élysée-Palast vom Garten her. Ich bin nicht die Einzige, die einen Blick in das Haus des Präsidenten werfen möchte. Auf dem Sandweg zum Tor, auf dem ein fetter gallischer Hahn aus reinem Gold sitzt, tritt eine Prozession auf der Stelle. Wie Fronleichnam in den Dörfern meiner Kindheit. Hunderte sind unterwegs zu einem heiligen Ort. Man unterhält sich mit gedämpfter Stimme. Man sammelt sich. Man erträgt die Prüfung klaglos. Nur ein Nörgler unterbricht die Stille: «Wer weiß, vielleicht reißen wir den Präsidenten aus dem Schlaf, falls er heute ausnahmsweise im Büro ist! In Frankreich muss sich endlich mal was ändern! Wir haben die Schnauze voll! Ich sag ihm die Meinung, wenn ich ihn sehe. Darauf kann er sich verlassen!»

Der Polizist an der Einlasskontrolle warnt mich, während er meine Tasche durchwühlt: «Sie müssen mit mindestens vier bis sechs Stunden Anstehen rechnen. Letztes Jahr waren es acht Stunden.» Sechs Stunden, so lange dauert der Flug Paris–New York! Oder der ICE von Berlin nach München! Ich hasse Warteschlangen. Vordrängeln ist hier ausgeschlossen. Kein Mensch gibt auch nur einen Millimeter des teuer erkämpften Terrains auf. Drei Japanerinnen versuchen, sich einen Weg nach vorn zu bahnen. Sie behaupten, ihre Cousine stehe schon seit dem Morgengrauen an. Die verwandtschaftliche Zusammenführung verhindert der Nörgler: «So geht das nicht! Wissen Sie, wer mich im Präsidentenbüro erwartet? Mein Schwager!» Die Leute klatschen. Die Japanerinnen geben auf.

Wir kommen kaum von der Stelle. Manchmal rückt unser Zug ein paar Zentimeter vor. Edle Wintergärten ziehen langsam an uns vorbei. Es ist der erste Herbsttag in Paris. Pullover und Parkas sind noch im Schrank. Wir zittern. Wir halten uns gegenseitig warm. Als uns plötzlich ein Schauer überrascht, entfaltet sich ein Dach aus Regenschirmen über den Köpfen. Niemand geht.

Während wir warten und warten, frage ich mich, warum diese Stoiker sich so quälen. Sonst hassen sie ihren Präsidenten, doch jetzt opfern sie einen ganzen Tag in der Hoffnung, ihn zu sehen. Kein anderes Gebäude wird am Tag der offenen Tür so viel besucht wie der Élysée-Palast. Ich bin sogar ein bisschen stolz, Teil der längsten Warteschlange in ganz Paris zu sein. Länger als die vor der Assemblée nationale, wo unsere Abgeordneten tagen, vor dem Panthéon, wo unsere großen Männer liegen und neuerdings zwischen ihnen auch ein paar Frauen, und sogar länger als vor den Fernsehstudios, wo man mit etwas Glück einem Promi begegnen kann.

Viele Ausländer sind hier, US-Amerikaner, aber vor allem Franzosen. Manche sind aus der Provinz angereist, aus den Banlieues, den Vororten, nur für das Élysée. «Wie eine Pilgerreise. Das macht man nur einmal im Leben!», sagt ein Paar aus Charleville-Mézières. Sie sind um drei Uhr nachts im Dunkeln aufgebrochen, mit einer Thermoskanne Kaffee. Sie haben Frankreich durchquert.

Die Franzosen hängen sehr am Élysée-Palast, der ihnen ihre lange Geschichte erzählt. Ich will damit nicht sagen, dass das Kanzleramt die Deutschen kaltlässt. Aber wer würde aus Augsburg kommen und sich sechs Stunden im Regen anstellen, um eine Waschmaschine zu besichtigen? So nennt man hier das Kanzleramt, weil das monumentale runde Fenster an die Tür der Waschtrommel erinnert. Ein so handfester Vergleich wäre bei uns undenkbar. Die Franzosen nennen den Élysée-Palast «*le château*». Das Schloss wird von einem republikanischen Monarchen bewohnt. Er hat offenbar heute höhere Sorgen, als sich um die leiblichen Bedürfnisse seines Volkes zu kümmern. Wir haben Hunger. Unsere Blasen drücken. In der Ferne sehe ich eine Imbissbude und das Dach mobiler Toiletten. Bis dahin brauchen wir noch mindestens drei Stunden.

Die deutsche Kanzlerin dagegen kümmert sich um das Wohlbefinden ihrer Besucher an ihrem Tag der offenen Tür. Schon am Anfang einer wesentlich kürzeren Schlange lässt sie eine ganze Batterie von Dixi-Klos aufstellen. Vierzehn Tage vor meiner Élysée-Erfahrung war ich beim Tag der offenen Tür im Kanzleramt gewesen. Es war brütend heiß. Ich deponierte meine Tasche in der improvisierten Garderobe unter einem Zeltdach. Alles war hier viel einfacher: Ich zeigte meinen Ausweis vor, ging durch den Kontrollbogen, wartete ein paar Minuten. Eine Hostess gab mir ein Glas frisches Wasser. Noch ein paar Schritte, und schon war ich im Ehrenhof, dem kahlen Vorplatz gegenüber vom Reichstag. Da steigen die Großen dieser Welt aus ihren Limousinen, rücken die Krawatte zurecht oder streichen den Rock glatt. Die Kanzlerin erwartet sie am Ende des roten Teppichs. Trittsicher auf ihren Kreppsohlen geleitet sie ihren Gast. Als François Hollande 2012 ein wenig vom protokollarischen Weg abkommt, gibt sie ihm sogar diskret einen sanften Schubs mit dem Ellbogen. Er ist gerade gewählt worden. Er kennt sich noch nicht gut aus.

Für den Tag der offenen Tür hat das Kanzleramt hinten im Garten eine Ruhezone mit Speisen und Getränken vorgesehen. Es gab ein Kaffeehaus, eine Vitaminbar, noch mehr Dixi-Klos, eine Kinderecke mit Aqua-Zone. Zwei Musiker spielten Klezmer. Man trug Panamas und Strohhüte, Baseballmützen und Fächer, Shorts und Flip-Flops. Hier war Volksfest angesagt. In Deutschland sind die Zentren der Macht zugänglich. Ihr Protokoll ist unbeschwert. Unser Präsident ist ein Nachkomme der Könige von Frankreich, die Kanzlerin aber ist eine *Mutti*.

Aber wir Franzosen lernen gern von den Deutschen. Auch François Hollande versucht, sich unbeschwert zu geben. «Das Prinzip ist einfach», schreibt der Mann, der ein «normaler Präsident» sein wollte, auf der Titelseite der Élysée-Broschüre. «Die Orte, die den Schatz einer Nation bilden, gehören allen. Ich heiße Sie willkommen in diesem Palais, das Ihnen gehört.» Jetzt sind wir die strengen Eigentümer, die vor dem Mieterwechsel Bestandsaufnahme machen. Wir werden die Sauberkeit der Böden und den Zustand der Tapeten begutachten, wir werden Teppiche hochheben und über die Möbel streichen, ob sie auch ja staubfrei sind.

Endlich! Es ist schon Nachmittag, als wir das Tor mit dem Goldhahn erreichen. Inzwischen bilden wir eine enge kleine Truppe, die Vertrautheit hat uns umso stärker zusammengeschweißt, als sie nur vorübergehend ist. Die berittene Polizei kommt vorbei. Vor dem Tor machen wir Gruppen-Selfies. Am

Rand einer Allee zum Élysée-Palast stoße ich auf ein Mitglied der Republikanischen Garde in Galauniform. Ich bin so sehr an die deutsche Nüchternheit gewöhnt, dass ich glaube, er sei verkleidet. Karneval in Paris? Dieser hochgewachsene junge Mann scheint direkt einem der riesigen napoleonischen Schlachtengemälde im Louvre entstiegen zu sein. Er steht da wie ein Deko-Stück vor einem altmodischen Palast. Säbel an der Seite. Nicht die kleinste Falte in seiner blauen Hose. Seine Uniform sieht genauso aus wie vor 130 Jahren. Nur der Jackenstoff wurde in den Siebzigern geändert: leichter und vor allem bequemer. Und die Jacke würde gekürzt. Vor allem – nicht mehr neun, sondern sieben Knöpfe. Wie gewagt! Er erklärt mir den komplizierten Code der Farben und Fransen, die den Dienstgrad anzeigen. Heute ist er sogar leger. Er trägt keinen Tschako, die Kopfbedeckung mit dem scharlachroten Federbusch. Während er sich bemüht, mich mit seinen Paspeln und Borten, seinen Litzen und Medaillen, seinen Achselschnüren und Goldknöpfen zu beeindrucken, denke ich gerührt an den Bundespolizisten am Eingang des Kanzleramts. Ein dicker Berliner in Sommeruniform. Er hätte sich nicht mal umziehen müssen, um auf der Stelle als Lagerarbeiter bei IKEA anzufangen: himmelblaues kurzärmliges Hemd mit Schweißringen unter den Achseln. Die Hose wie eine Ziehharmonika, der Bauch ruht auf dem Gürtel. Ab 30 Grad darf auf die Schirmmütze verzichtet werden, so hat es der Präsident der Bundespolizei bestimmt.

Im Herzen der deutschen Macht geht es mehr als lässig zu. Als ich einmal einen Berater im Kanzleramt besuchte, holte mich eine Sekretärin in Schlabberpulli, Leggings und flachen Sandalen am Empfang ab. Der Berater hatte in Paris gearbeitet. Er schaute mich geniert an und erklärte: «Wir sind hier in Berlin.»

Endlich am Palast angekommen! Wie oft habe ich dieses Gebäude schon im Fernsehen gesehen. In der Wirklichkeit ist es viel kleiner. Seine Geschichte alt und solide. In direkter Linie reicht sie von 1710 bis heute. Wie bei einem Staffellauf haben die Besitzer den Schlüsselbund von einem zum anderen weitergegeben. Der Graf von Évreux überreichte ihn Ludwig XV., der ihn wiederum seiner offiziellen Geliebten, Madame de Pompadour, schenkte. Danach bekam Napoléon, sein Neffe, den Schlüssel, sogar Zar Alexander I. erhielt ihn. Im Jahr 1848 wurde aus dem Palais per Dekret die Residenz der Präsidenten der Republik. Und nun folgen die Akteure meiner Geschichtsbücher. Sie tragen altmodische Vornamen und gezwirbelte Schnurrbärte. Dann kommen die, die mein Leben begleiten: de Gaulle, Pompidou, Giscard d'Estaing, Mitterrand, Chirac … Im Ganzen sind es fünfundzwanzig Präsidenten, nicht zu vergessen die Könige, Zaren und Maitressen.

Die Dynastie der Kanzleramtsbewohner ist kürzer und vor allem bescheidener. Zwei waren es am Tag meines Besuchs. Kein Graf, kein Fürst, kein Marschall. Stattdessen Gerhard Schröder, Sohn eines im Krieg gefallenen Soldaten und einer Putzfrau. Und Angela Merkel, Tochter eines Pfarrers in der Uckermark. Das Kanzleramt riecht noch nach frischer Farbe. Helmut Kohl hat es vor sechzehn Jahren bauen lassen. Die Mauer ist eben erst gefallen, die deutsche Hauptstadt zieht von Bonn nach Berlin. Das Land muss alles neu erfinden. «Größer! Noch größer», habe Helmut Kohl, wie man sich erzählt, seinem Architekten befohlen. Der Bauherr zog nie in Berlin ein. Gerhard Schröder vertrieb ihn vorher von der Macht und wurde zum ersten Bewohner des neuen Kanzleramts. Der Sozialdemokrat sah immer so aus, als würde er darin versinken wie in einem zu großen Anzug.

Mangels großer geschichtlicher Namen punkten die Deutschen mit Zahlen: sechsunddreißig Meter hoch, 335 Meter lang. 73 000 Quadratmeter Grundfläche. 370 Büros mit durchschnittlich zwanzig Quadratmeter Fläche für die 600 Mitarbeiter. Weltweit der größte Sitz der Macht, sogar achtmal so groß wie das Weiße Haus. Neben diesem Koloss wirkt das Palais wie ein rührender Zwerg. Der Élysée-Palast ist nicht fürs Arbeiten gedacht. Die Raumaufteilung ist unpraktisch. Die winzigen Salons eignen sich eher für die gesellschaftlichen Tänze des Ancien Régime als zur Machtausübung der Macht. Die Fenster sind undicht. Schmale Wendeltreppen führen in ein Labyrinth unterirdischer Küchen. Wandleisten sind rissig und Gardinen verblasst. Seit 1889 wurde praktisch nichts mehr verändert. Nur Strom, fließendes Wasser und Zentralheizung wurden als Erneuerungen gepriesen. Die einzige seinerzeit mutige Renovierung erscheint uns heute als Vintage: In den siebziger Jahren versuchten die Pompidous das Palais aufzupeppen. Das frühere Schlafzimmer Napoléons III. mutierte zu einem Designer-Esszimmer, eine Art Raumschiff mit Sitzkissen aus beigem Schaumstoff und runden Sofas, Tulpensesseln und Tischen mit Rauchglasplatten. Sonst ist es ausgeschlossen, ein Möbelstück zu verrücken oder eine Wand einzureißen. Niemand hat es je gewagt, die bemalten Kassettendecken und die riesigen Lüster im Ballsaal anzurühren. Sogar die Kochtöpfe stammen noch von 1845.

Im Kanzleramt dagegen gibt es keine Vergangenheit. Beton, Stahl, Glas, zeitgenössische Kunst an weißen Wänden. Hier ist alles neu, neutral, funktional – so wie das noch nicht ganz dreißig Jahre alte vereinte Deutschland. Eher Bauhaus als Rokoko. Die einzige Antiquität in diesem riesigen Haus: eine kleine Uhr mit Zifferblättern in alle Richtungen. Verloren steht sie auf dem großen ovalen Kabinettstisch. Eine Idee von Konrad Adenauer. Es ging ihm auf die Nerven, dass seine Minister ständig auf ihre Uhren schauten. Bisher hat es niemand gewagt, sich von diesem Talisman zu befreien. Will das Kanzleramt sich mit Tradition schmücken, muss es in ein historisches Ambiente ausweichen. Die Bankette finden deshalb im Schloss Charlottenburg statt, einst Wohnsitz der preußischen Könige. Ein überladenes gelbstichiges Palais. Das Geschirr ist von Königin Sophie Charlotte, die feinen Suppenteller und das chinesische Porzellan dürfen allerdings nicht benutzt werden. Die Tischgäste können die Sammlung in Vitrinen bewundern.

Im Élysée-Palast wird mir ganz schwindlig. All das böhmische Kristall, diese Pendeluhren, Kamine, Medaillons, Porträts, Büsten, Lyra-Stühle. Schnell wird das Entzücken zu Übersättigung. Jeder Raum hat eine eigene Geschichte: Die Bibliothek war das Schlafzimmer der Herzogin von Bourbon. Der Ballsaal wurde für die Weltausstellung 1889 errichtet. Der Salon Pompadour war das Prunkgemach der gleichnamigen Marquise. Am 18. November 1989, kurz nach dem Fall der Mauer, trafen sich hier die europäischen Staats- und Regierungschefs. Der Salon d'argent erfreut sich doppelter Berühmtheit: Hier unterzeichnete Napoléon Bonaparte seine Abdankung nach der Niederlage von Waterloo, und Jahre später erlag Präsident Félix Faure in diesem Raum einem Herzstillstand, nachdem seine Mätresse Marguerite Steinheil ihm einen energischen Blowjob verpasst hatte. De Gaulle mochte dieses «Palais à femmes» nicht. Zu viele Frauengeschichten für seinen Geschmack.

Ich habe das Gefühl, als würde ich eines der heruntergekommenen alten Gutshäuser besichtigen, die der verarmte englische Adel sonntags dem Publikum öffnet. Bereiche, für

Massen von Menschen zu empfindsam, sind mit roten Kordeln abgesperrt. Die Teppiche sind eingerollt. Vorhänge und Geländer in den Treppenhäusern mit Plexiglas abgedeckt. Sicher hätte man gern unsere Füße in Filzpantoffeln gesteckt, damit wir die Parkettböden nicht verkratzen.

Im Bundeskanzleramt ging es entspannter zu. Am Tag der offenen Tür durften Besucher die Kurven des Audis streicheln, den Angela Merkel benutzt. Sie durften sich auf die Motorräder der Eskorte setzen, in Hubschrauber klettern und, ohne sich auch nur die Schuhe abzuputzen, über den roten Teppich gehen. Hier fehlte der Modergeruch der Geschichte. Alles war Hightech. Zum Glück konnte das Kanzleramt seine fehlende geschichtliche Tradition durch ein technisches Feuerwerk kompensieren, bestehend aus: Photovoltaikanlage auf dem Dach, Blockheizkraftwerk im Keller, Schallschutzschlitze im Kabinettsaal sowie einem Landeplatz für den Hubschrauber der Kanzlerin. Der französische Präsident Giscard d'Estaing versuchte einmal, sich mit dem Helikopter im Garten des Élysée-Palasts absetzen zu lassen. Ein Desaster: Die alten Fenster zersprangen, Zweige wurden abgerissen, Kies wirbelte auf die Terrassen. Seitdem landet der Präsident der Republik auf dem Militärflugplatz Villacoublay außerhalb von Paris.

Wurde je darüber nachgedacht, in einen praktischeren Bau umzuziehen? In ein funktionaleres und vor allem geräumigeres Gebäude, ähnlich wie jenes deutsche Kanzleramt? Ist unser Präsident im Namen der Tradition verdammt, für immer in dieser historischen Kulisse zu leben?

Das alte kleine Palais kostet Unsummen an Unterhalt und Reparaturen. Ich finde meine Fragen naheliegend. Aber sie schockieren: «Das ist doch wohl nicht Ihr Ernst! Hier ist die Wiege Frankreichs, Madame!» Dabei haben fast alle Präsidenten von einem Umzug geträumt. «Mir tun die leid, die nach mir in diesem Museum wohnen müssen», stöhnte Yvonne de Gaulle, als sie nach dem Rücktritt ihres Mannes die Koffer packte. Der General war nicht traurig, als er den Élysée-Palast nach zehn Jahren verließ. Er hatte sich immer beengt in ihm gefühlt. Die Betten waren zu kurz für ihn. Er stieß sich an den Möbeln und stolperte über die Teppiche. Lieber hätte er im Schloss von Vincennes regiert.

«Die Vergangenheit hatte uns fest im Griff», sagten die Pompidous, die in ihrer ersten Nacht im Palais kein Auge schließen konnten. «Niemand hat ein so kleines Haus», beklagte sich der Sozialist François Mitterrand. Kurz hatte er daran gedacht, sich im Hôtel des Invalides niederzulassen, dem einstigen Heim für kriegsversehrte Soldaten, das Ludwig XIV. errichten ließ. Nicolas Sarkozy fasste die École Militaire ins Auge. Letzten Endes schrecken alle Präsidenten vor den Kosten und dem Ärger eines Umzugs zurück.

Die Büros beider Staatsoberhäupter, in Frankreich wie in Deutschland, spiegeln völlig verschiedene Vorstellungen von Macht wider. Das Arbeitszimmer des Präsidenten? Ein Schmuckstück, 1861 für Eugénie entworfen, die Frau Napoléons III. Aber was hat der Regierungschef einer Republik des 21. Jahrhunderts im Boudoir einer Kaiserin des 19. Jahrhunderts zu suchen? General de Gaulle war es, der den vergoldeten Schreibtisch von Ludwig XV. vor den Kamin stellen ließ. Er ist so schmal, dass der jeweilige Präsident kaum Platz für seine Akten hat. Dennoch wird er nicht ausgetauscht. An diesem Schreibtisch könnte man vergessen, dass Frankreich eine Republik ist. In dem Raum, in dem er steht, zerbrechen sich Innenarchitekten den Kopf, wie Denkmalschutz und Technologie sich miteinander vertragen können.

An den Wänden Gobelins, auf dem Boden ein Teppich, der die Liebe symbolisiert. Über den Türen die Initialen von Napoléon III. und Eugénie. Aber wohin mit Scanner und Flatscreens? Wo sollen die Kabel hin? Wie kann man heutzutage an einem solchen Ort arbeiten?

Dagegen das Büro der Kanzlerin: 140 Quadratmeter Pragmatismus. Als Angela Merkel mit Kartons und Aktenstapeln ihr neues Büro im siebten Stock bezog, richtete sie den riesigen Raum nach ihrem Geschmack ein. Vor die Fenster stellte sie Grünpflanzen und mitten ins Zimmer die deutsche und die europäische Fahne, so nahe wie ein Liebespaar. An die Wand hängte sie das Porträt Konrad Adenauers von Oskar Kokoschka. Adenauer, der Vater der Bundesrepublik, ist der Vordenker dieser Frau, die in einem totalitären Staat aufgewachsen ist und mit dem Enthusiasmus der Konvertiten an die westliche Demokratie glaubt. Sie hat den früheren gigantischen Schreibtisch, so schwer, dass ein Kran ihn hochziehen musste, durch einen Konferenztisch ersetzt. Sie hat nicht nur ein paar Möbel hin und her geschoben, sondern das Bild von Macht zurechtgerückt: bescheiden und kooperativ. An diesem Konferenztisch an der Tür arbeitet sie. Ganz nah beim Vorzimmer der Sekretärinnen. Lieber steht sie auf und geht zu ihnen, statt sie per Knopfdruck zu rufen. Angela Merkel setzt sich nur an den offiziellen Schreibtisch, wenn sie mit anderen Staatschefs telefoniert. Sonst braucht sie diese Festung nicht.

Das nüchterne Büro ist umgekehrt proportional zur Macht seiner Bewohnerin. Denn wenn es in der Welt nicht läuft, richten sich alle Augen auf dieses Zimmer. Hier logiert die informelle Königin Europas. Eine Verantwortung, die der Kanzlerin nicht zu Kopf steigt. Anders als unsere Präsidenten träumt sie nicht davon, «die Nation zu verkörpern», sondern ihrem Volk zu «dienen». Die Kuppel des Reichstags direkt gegenüber ist zehn Meter höher als ihr Büro. So ist klar, wer in diesem Land das letzte Wort hat.

Die Kanzlerin ist ihrem Volk fast so nahe wie den Mitarbeitern ihres Vorzimmers. Von ihrer Beobachtungsplattform im siebten Stock kann sie alles sehen: die Demonstranten vor dem Kanzleramt, die Touristen, die Bundestagsabgeordneten auf den Treppen des Reichstags. Wenn sie sich aus dem Fenster beugt, sieht sie Bierkästen, Samoware, Berge von blutigem Fleisch und Würstchen auf einer zertretenen Tiergartenwiese. Der Berliner grillt. Noch nie hat sie sich über die Rauchschwaden beschwert, die bis zu ihren Fenstern aufsteigen. Eine sehr harte Probe immerhin!

Der französische Präsident dagegen sieht von seinem Arbeitszimmer nur die Gärtner, die in seinem Privatpark unter den uralten Bäumen den Rhododendron stutzen. Wenn die einundzwanzig Salutschüsse zu seinem Amtsantritt abgefeuert sind, ist er Gefangener hinter dreihundert Jahre alten Mauern. Mitterrand ging mit einem Freund an der Seine spazieren, wenn er mal durchatmen wollte. Sarkozy floh ins Bristol, das Schickeria-Hotel in der Rue du Faubourg Saint-Honoré. François Hollande kurvte nachts auf seinem Motorroller durch Paris. «Würde draußen der Krieg ausbrechen, würde man das hier nicht merken», stellte Hollande einmal fest.

Alle deutschen Staatsbesucher kehren von ihrem ersten Besuch im Élysée-Palast verwirrt zurück. Sie sind überwältigt vom Prunk: Sie fühlen sich wie im Louvre, wenn sie mit dem Präsidenten in einem Salon voller Meisterwerke speisen. Aber der Protz ist auch peinlich für die deutsche Nachkriegsseele: Lässt sich dieser Pomp mit einer demokratischen Kultur vereinbaren? Lothar de Maizière erzählte, wie unangenehm es ihm war, als ein Amtsdiener mit Silberkette sich krümmte, um ihm einen kleinen Stuhl im Arbeitszimmer des Präsidenten anzuweisen. François Mitterrand dagegen saß auf einem goldenen Thron. Der sozialistische «Sonnenkönig» war gnädig genug, dem letzten Ministerpräsidenten der kleinen DDR eine Audienz zuzubilligen. Dabei konnte er leicht übersehen, dass die Wiedervereinigung letztlich in Moskau und Washington entschieden wurde und nicht in Paris. Ist der Élysée-Palast das treue Abbild eines Frankreichs, das sich an seinen schwindenden Glanz klammert? Bestimmt beschäftigt diese Frage heutzutage die deutschen Politiker, wenn sie die Stufen des Palais hinabsteigen, um zurück ins Kanzleramt zu fahren.

Die Kochtöpfe der Republik

Du wirst sehen», warnte mich mein Vorgänger, als ich 1989 als Korrespondentin für die französische Zeitung *Libération* ankam, «hier bezahlen sogar die Kanzler ihren Kaffee selbst.» Wir mussten lachen: «Stell dir das mal bei uns vor! Ein Präsident steht in der Kantine Schlange, wühlt in seinem Portemonnaie und reicht der Kassiererin ein paar Münzen. Absurd! Da sind unsere Politiker aber ganz anders: Manche bedienen sich aus der Staatskasse, andere ‹vergessen›, Steuern zu bezahlen.»

Mein Kollege und ich bewunderten die übermenschliche Tugend der deutschen Politiker. Wir waren auch ein wenig neidisch: Wie schaffen diese Heiligen es, der Versuchung zu widerstehen? Man könnte fast glauben, dass die Gier, dieses universelle Laster, von den deutschen Zollbeamten an der Grenze beschlagnahmt wird. Ich muss zugeben, dass ich nach all den Jahren immer noch fassungslos bin. Angela Merkel: zwölf Jahre an der Macht und nicht das kleinste Kochtöpfchen. Bei uns muss man bis zu General de Gaulle zurückgehen, um einem solchen Ausnahmewesen zu begegnen.

In normalen Ländern wie Deutschland ist ein Kochtopf ein

Behälter, der in der Küche benutzt wird. Nur in Frankreich werden die *Casseroles* auch in der Politik eingesetzt. *Casserole* nennt man die illegalen Machenschaften im Schatten des Amtes. «*Il traîne une casserole*»: Er schleppt einen Kochtopf hinter sich her. Und wenn man sich anatomisch genauer ausdrücken will: «*Il a une casserole au cul*»: Er hat einen Kochtopf am Arsch. Der Skandal verfolgt den Politiker wie die Töpfe, die die Dorfkinder früher Hunden und Katzen an den Schwanz banden. Welch sadistische Freude, wenn die Tiere durch die Gegend rannten, wie wahnsinnig vom Krach, der sie verfolgte. So sehr sie sich schüttelten, sie wurden den Topf nicht los. Im Deutschen sagt man, hat ein Politiker Dreck am Stecken: «eine Leiche im Keller haben». Diese Metapher riecht nach Verwesung und ist geräuschlos. Die Kochtöpfe dagegen machen Lärm, viel Lärm. Wochenlang hört man nichts anderes. Egal, was in der restlichen Welt passiert, jeder spricht nur noch davon. Eine Menge Kandidaten wurden auf diese Weise von ihren miesen Tricks und Machenschaften eingeholt, als sie fast schon die Marmorfliesen des Élysée-Palasts unter ihren Sohlen spürten.

Ist es nicht seltsam, dass ausgerechnet im Land der feinen Küche der Name eines so noblen Kochgeräts für eine so schmutzige Angelegenheit benutzt wird?

Zur Standardausstattung eines französischen Politikers gehört: Abschluss an der Elite-Schule ENA (École nationale d'administration), makellos polierte schwarze Schnürschuhe, ein öliger Assistent, der um 90 Grad einknickt, wenn sein Chef ihn anspricht und … die Kasserolle. Vom kleinsten Beamten bis zum Präsidenten der Republik, sie sind alle korrupt. Mein Land sieht aus wie die Küche eines Sternekochs: an der Wand eine Batterie Kochtöpfe. So viele, dass man sie kaum noch auseinanderhalten kann: Elf Aquitaine, Clearstream, Fregatten-Affäre, Bygmalion, Bétancour, Cahuzac, Angolagate und Penelopegate ... Jeder Franzose kennt diese giftigen Namen auswendig. Jeder von uns wird bei der Geschichte seines Lebens von solchen Skandalen begleitet:

Als in den siebziger Jahren Valéry Giscard d'Estaing sich von dem Diktator der Zentralafrikanischen Republik, Jean-Bédel Bokassa, Diamanten schenken lässt, bastle ich Flower-Power-Ketten aus bunten Glasperlen. Als das Greenpeace-Schiff *Rainbow Warrior*, das gegen die französischen Atomwaffentests im Südpazifik protestiert, in Neuseeland versenkt wird, sitze ich mit offenem Mund beim Zahnarzt in London. Er ist Neuseeländer und *not amused*.

Als Jacques Chirac schuldig gesprochen wird, in seiner Zeit als Pariser Bürgermeister etwa zwanzig Parteifreunden hochdotierte fiktive Posten zugeschanzt zu haben, sodass sie auf der Gehaltsliste des Rathauses standen, bin ich gerade dabei, meine Steuererklärung abzugeben. Zum ersten Mal wurde hier ein französischer Präsident seit dem Zweiten Weltkrieg von einem Gericht verurteilt: zwei Jahre Gefängnis auf Bewährung. Fünfzehn lange Jahre versuchte man ihn vor Gericht zu ziehen, aber als Präsident war er immun, und als Präsident a. D war er vorübergehend krank.

Und die neueste Station: Als 2017 die Eilmeldung «Penelope» auf meinem iPhone erscheint, sitze ich im ICE Bordrestaurant zwischen Hannover und Berlin. Draußen: Regen und verwaschene Felder. Drinnen: Aufregung. Die Stimmung ist genauso trüb wie während der Guttenberg-Affäre. Rindfleischeintopf mit Knöpfle in meinem Teller. Alle reden durcheinander. Trump ... Brexit ... Erdoğan ... Und dann dockt noch François Fillon mit seiner scheinbeschäftigten Ehefrau Penelope an diesen Zug illustrer Namen an. «Das ist die Apokalypse», ruft ein kleiner Herr, der traurig vor seinem Bier sitzt. Wie soll ich nach alldem Franzosen erklären, dass in Deutschland ein kleiner bayerischer Freiherr von und zu monatelang verfolgt wurde, weil er in seiner Dissertation ein paar Abschnitte bei anderen abgeschrieben hat. Bei der Guttenberg-Affäre ging es nicht um Geld, sondern um den Doktor. In Deutschland ist das viel schlimmer als Scheinbeschäftigung! Bis zur Plagiatsaffäre war Karl-Theodor zu Guttenberg der Liebling der Deutschen. Er trat dann von seinem Ministerposten zurück, ging in die USA ins Exil und ist bis heute nicht wiederaufgetaucht.

Wie sind diese Lappalien ins rechte Licht zu setzen, die in Deutschland politische Karrieren platzen lassen: Ein Abgeordneter kauft mit den Bonusmeilen seiner Dienstreisen Flugtickets für seinen Familienurlaub. Schon landet er auf dem Schleudersitz. «Er soll zurücktreten!», heißt es da. In Paris staunt man. Warum das ganze Theater? Es geht doch nur um ein paar hundert Euro.

Andere Fehler können wir Franzosen ebenfalls nicht begreifen: Ein Minister stürzt, weil er seine Putzfrau schwarz bezahlt. Na und! Bei uns kann man sich glücklich schätzen, wenn der Minister das Zimmermädchen in New York nicht zwingt, ihm einen zu blasen. Ein anderer muss zurücktreten, weil er für einen angeheirateten Cousin auf dem Briefkopf seines Ministeriums geworben hat. Die geniale Idee: Es ging darum, Plastikchips statt Euromünzen als Pfand in die Einkaufswagen vom Supermarkt zu stecken. Du verarschst uns! Das ist die Diktatur der Transparenz! Die Bundestagspräsidentin leiht ihren Dienstwagen (ohne Fahrer) ihrem Mann. Er soll einkaufen gehen, während sie über ihren Akten sitzt. Wo ist da das Problem?

«Aber das ist ja ganz füüürchterlich!», soll Bernadette Chirac entsetzt ausgerufen haben, als Gerhard Schröder ihr erklärte, dass seine Frau Doris etwas später im Élysée-Palast eintreffen würde. Doris hatte ihre Lehre aus einer Spanienreise gezogen. Auf dem Weg in den Urlaub hatte sie ihren Mann zu einem gemütlichen Abendessen bei Ministerpräsident José María Aznar und seiner Frau Ana Botella begleitet. Bei informellen Treffen sind die Vorschriften eindeutig: Nur der Kanzler darf kostenlos mit dem halbleeren Airbus der Flugbereitschaft fliegen. Das wusste Doris nicht. Sie musste den Flugpreis für sich selbst, ihre Tochter und ihre Mutter bezahlen. Kekse und Limonade kamen extra. Von da an reiste Doris Economy.

Selbst als Deutschland von der «schwarzen Kasse» besessen war, urteilte ein bekannter Pariser Leitartikler, diese Affäre sei nur «ein kleiner Kratzer an dem Denkmal Helmut Kohl». Wie können die Deutschen so kleinlich sein. Helmut Kohl ist doch der Architekt der deutschen Einheit und des vereinten Europas! Außerdem hat er sich nicht persönlich bereichert. Er hat das Geld nicht verprasst. Er hat keine Geliebte unterhalten. Er hat nur für das Wohl seiner Partei gehandelt. Ist das so schlimm? In Frankreich hatten wir vorher die Abhöraffäre. Jahrelang sorgte François Mitterrand dafür, dass der französische Steuerzahler für die Wohnung seiner zweiten Familie und deren Leibwächter aufkam. Um sein Doppelleben zu schützen, ließ er halb Paris abhören. Nur die britischen Abgeordneten, die die Windeln für das Baby und die Pornos für den Herrn auf Staatskosten finanzieren, können mit den Franzosen mithalten.

Wochenlang hatte ich mir den Kopf zerbrochen, wie ich die Affäre Wulff erkläre. Der Bundespräsident wurde verdächtigt, einen besonders günstigen Kredit erhalten zu haben, um ein Haus in Großburgwedel zu kaufen. Ein Haus wo? In

Paris machte der Zungenbrecher Furore. «Bist du sicher, dass du alles richtig verstanden hast?», wurde ich mehrfach gefragt. Aber das war noch nicht alles: Ein Filmproduzent zahlte dem damaligen deutschen Bundespräsidenten die Hotelrechnung und den Babysitter und lud ihn beim Oktoberfest in München zu einer Maß Bier ein. Im Austausch sollte sich Wulff beim Vorstandschef von Siemens für ein Filmprojekt seines Freundes eingesetzt haben. Der fragliche Betrag: 745 Euro. Filz! Skandal! Die Deutschen waren empört. Die Franzosen konnten nicht mehr vor Lachen. Die Justizmaschinerie wurde in Gang gesetzt: Sechsundvierzig Zeugen, 30 000 Aktenseiten ... alles für 745 Euro! Auf welchem Planeten leben diese Leute!

In Deutschland aber zeigte das ganze Volk auf Schloss Bellevue und zwang den Präsidenten zum Rücktritt. In Frankreich hatte man Mitleid. Was hatte der gute Mann getan? Würden wir so reagieren, wäre bei uns niemand mehr übrig zum Regieren. Die spinnen, die Deutschen! Ein bisschen Business und Privates zu mischen, wenn kümmert das schon. Haben die Deutschen schon mal was von Cahuzac gehört?

Jérôme Cahuzac, früherer Finanzminister, ausgerechnet jener, der die Steuerflucht bekämpfen sollte, wurde wegen Steuerbetrug und Geldwäscherei verurteilt. Der einstige Chirurg stritt monatelang die Vorwürfe ab und belog sogar das Parlament. Dann gab er es endlich zu: Er hatte Einkünfte seiner Klinik, in der Haartransplantationen vorgenommen wurden, in die Schweiz und nach Singapur verschoben. Die hinterzogene Summe: 3,5 Millionen Euro. 3,5 Millionen gegen 745 Euro. Wenn ich die beiden Beträge vergleiche, bin ich fast stolz, dass mein Land so großzügig betrügt. Wennschon, dennschon.

Wann immer ich während Wahlkampfzeiten nach Frankreich zurückkehre, empfängt mich die gleiche Klage. Jetzt werden Köpfe rollen! Ein paar Wochen später ist die Revolution in sich zusammengesackt wie ein Käsesoufflé. Nur selten verhindern Skandale die Wiederwahl. Vor seiner Wahl hatte Nicolas Sarkozy geschworen: «Das Blut wird fließen. Wenn ich an der Macht bin, hänge ich sie alle an Fleischerhaken auf.» Danach wurde er wegen der fragwürdigen Finanzierung seines Wahlkampfs von 2012 vor Gericht gestellt. Glauben Sie bloß nicht, dass in Frankreich jemand, der ertappt wird, sich schämt und zurücktritt. Ganz im Gegenteil. Er spricht von Hetzjagd und Komplott, greift Richter und Medien an. Er klammert sich wie ein Schiffbrüchiger an ein leckes Boot. Bei einer bestimmten Politikergeneration ist die Korruption eine Selbstverständlichkeit, ein Privileg, ein natürliches Recht. Über das Budget der parlamentarischen Mitarbeiter wird verfügt, als wäre es der eigene Besitz. Man ist sich nicht einmal bewusst, dass das ein Problem sein könnte.

Welch eine Erleichterung für uns Franzosen, wenn sich unsere tugendhaften Nachbarn wenigstens in der Industrie ein paar handfeste Skandale gönnen: die Liechtensteiner Konten von Spitzenmanagern, der Korruptionsskandal bei Siemens, die Abgas-Manipulation bei Volkswagen und das Schönste: die gekaufte Fußballweltmeisterschaft 2006 ... So viele deutsche Mythen sind zerstört. Jetzt fühlen wir uns nicht mehr so allein.

Stammtisch mit Austern

Versuchen Sie mal einem Franzosen, der nicht Elsässer ist, zu erklären, was es mit dem Stammtisch auf sich hat. Es war ein paar Tage nach dem Fall der Mauer. Zum Mittagessen war ich mit dem Leitartikler einer großen Pariser Tageszeitung in eine Pankower Eckkneipe gegangen. Mein Begleiter war ein «intellektueller Kaviar-Linker», ein Menschenschlag, wie man ihn in dieser Form in Deutschland nicht findet. «Champagner-Linke» übersetzen die Deutschen den Begriff schlecht und recht. Sie regen sich auf über die Widersprüche dieser dandyhaften Verteidiger des Proletariats. Tatsächlich denkt man bei Kaviar und Champagner nicht unbedingt an die deutschen Linken. Der faden Realität ihrer Essgewohnheiten entsprechen eher Tofuschnitzel und Roibuschtee – oder Bockwurst und Pils.

Der einflussreiche Journalist, Ex-Maoist, wie es sich gehört, tourte eine Woche lang durch die rebellischen Hauptstädte der Volksdemokratien. Er war gerade aus Prag zu einem Zwischenstopp in Ostberlin eingetroffen und wollte am nächsten Morgen nach Warschau weiterfliegen. Es war eisig kalt, der Himmel strahlend blau. Er trug einen dicken Daunenanorak und eine Ray-Ban. Mit seiner winzigen Kodak Instamatic verewigte er, klick, klick, den Todeskampf der DDR. Das Lokal, in dem wir auf einen Tisch für das Mittagessen hofften, roch nach Putzmitteln und gekochtem Kohl. Kippen ruhten in den Aschenbechern. Das frischgewischte Linoleum glänzte wie eine Schlittschuhbahn. In der Ecke stand vergessen ein Eimer voller schwarzer Brühe. Die Kellnerin war muffig, die Einrichtung strahlte den herben Charme des real existierenden Sozialismus aus. Die Dolden der Plastikglyzinien verliehen dem Wintertag einen falschen Anklang von Frühling. Die Girlande bunter Glühbirnchen sollte einen Hauch künstlicher Heiterkeit in das triste Ambiente bringen. Meine Aufgabe war es, diesem echten Pariser die noch existierende echte DDR näherzubringen.

Die Kneipe war rappelvoll. Aber o Wunder! In einer Ecke fand sich ein runder Tisch mit einer rot-weiß karierten Decke. Er war frei. Ohne die Erlaubnis der Kellnerin abzuwarten, durchquerte mein Gast den Saal und setzte sich. Er winkte uns zu sich. In seiner Unschuld begriff er nicht, dass er einen schweren Fehler begangen hatte. Die Kellnerin zuckte zusammen, stürzte sich auf ihn und deutete empört auf ein sonderbares goldglänzendes Schild in der Tischmitte. Darauf stand in verschnörkelter Schrift: «Stammtisch».

«Nicht setzen! Nicht setzen!», rief die Bedienung. Sie war außer sich. Mein Gast strich sich über sein pomadisiertes Haar. Er starrte mich mit großen Augen an. Ich erklärte ihm, was ein Stammtisch ist, Hochburg des germanischen Brauchtums. Einmal pro Woche treffen sich – meist – Männer zur selben Zeit, um Bier zu tanken, Karten zu spielen und über Frauen, Fußball, Autos und vor allem Politik zu sprechen, ohne Verabredung. Der Tisch, immer derselbe, ist automatisch reserviert. Man kommt, wenn man Lust hat. Man ist unter sich. «Ah», rief der Journalist und klatschte wie ein Kind in die Hände. «Wie bei uns der Sonntagmittag bei Bofinger!» (Auf Französisch *bô-fûngé* ausgesprochen). Es begeisterte ihn, dass er ein Geheimnis der deutschen Seele gelüftet und den Bogen von Pankow zur Bastille gespannt hatte.

Die Eckkneipe in Pankow und Bofinger an der Place de la Bastille in Paris – bis heute frage ich mich, wie man eine auch nur entfernte Seelenverwandtschaft zwischen den beiden Orten erkennen kann. Es war mir peinlich, als die ostdeutschen Freunde, die uns begleiteten – Dissidenten vom Neuen Forum und anderen Bürgerbewegungen –, mich baten, die absurde Szene zwischen der Bedienung, dem Leitartikler und mir zu übersetzen. Bofinger, wie sieht der Stammtisch von Monsieur aus? Ich gebe zu, dass mir die Worte im Hals steckenblieben. Ich wagte nicht, die prächtige ovale Glaskuppel im Erdgeschoss zu beschreiben, die aus der Belle Époque stammt und unter Denkmalschutz steht, oder die geschwungenen Spiegel in den Séparées der ersten Etage und am allerwenigsten die zarten Entenbrustfilets, die Foie gras und die Fines de claire (Austern) in tiefen Tellern. In Pankow warf der Gartenzwerg hinter dem Tresen mir missbilligende Blicke zu. Würde ich diese anständigen Menschen demütigen und ihnen die letzten Illusionen sozialer Gerechtigkeit rauben, wenn ich den linksrheinischen Stammtisch für privilegierte Kapitalisten beschrieb? Ich fühlte mich schuldig. Also log ich: «Das ist ein Bistrot in Paris, bei ihm um die Ecke.»

Es ist ein tiefes Bedürfnis der Franzosen, das Fremde in die beruhigenden kleinen Schubladen ihres nationalen Universums einzuordnen. «Wie bei uns die Seine», rufen sie vor dem Neckar aus. Natürlich findet man sich in der modernen Welt besser zurecht, wenn sie auf ein paar Quadratkilometer zwischen Bastille und Saint-Germain-des-Prés reduziert wird. Das 1864 gegründete Bofinger, die älteste elsässische Brasserie in Paris, ist von der Pankower Eckkneipe vor und auch nach der Wende unendlich weit entfernt. Selbst das Borchardt, die Schickimicki-Kantine im neuen Berlin, sieht neben dieser Institution wie ein Schuppen für Parvenüs aus. Bei Bofinger trifft sich die feine Welt aus Politik, Journalismus und Literatur, um den neuesten Klatsch herunterzubeten, Allianzen zu schmieden, Verträge zu unterzeichnen, Ruf und Liebschaften zu ruinieren.

Stolz schmückt sich das Etablissement Bofinger mit der funkelnden Liste der Berühmtheiten, die ihre Hintern auf die Lederbänke haben sinken lassen. Sie werden alphabetisch aufgeführt, wie in der Schule mit vorangestelltem Nachnamen, in Klammern das Geburtsjahr. Wir erfahren, dass Allen Woody (1935) am Sonntag hier speist, wenn er sich in Paris aufhält, dass Streisand Barbra (1942) sich nach einem Konzert in Bercy hier entspannt hat, dass Gaultier Jean-Paul (1952) Madonna, *the queen of pop*, hierher ausgeführt hat und auch Yvette Horner, die Königin des Akkordeons. Er kleidet beide ein.

Vor allem aber entdeckt man, dass an den Tischen mit den gestärkten weißen Decken französische Geschichte geschrieben wurde. Der Chef des Parti radical, der Radikalen Partei, Herriot Édouard (1872), verfolgte in den diskreten Salons der ersten Etage seine politischen Ambitionen. Pompidou Georges (1911) war Stammgast. Bofingers große Stunde schlug jedoch am 10. Mai 1981, als Mitterrand François (1916) ein ganzes Stockwerk reservierte und mit 2000 Gästen seinen Sieg feierte. In einer Ecke saß der Dichter Aragon Louis (1897) in ein schwarzes Cape gehüllt vor seinem Vittel-menthe. Er, der treue Anhänger der französischen KP, stellte vor seinem Aufbruch in die Nacht die berühmt gewordene Frage: «Was wird da eigentlich gefeiert?» Man liest darin vor allem, dass mein Kolumnist an diesem Ort von der Revolution träumte.

Und ich in Pankow, von Kohldünsten umwabert, versuchte mir vorzustellen, wie der «mondäne Stamm» – so nennt man meinen Leitartikler und seine Kumpel, weil sie immer als Gruppe auftreten – sich an diesem runden Tisch zusammendrängt, mein Polarbär und Ex-Maoist auf dem Ehrenplatz, und angeregt diskutiert.

Nach einer halben Stunde wies die Bedienung uns einen freien Tisch an und stellte ein großes tschechisches Bier vor jeden von uns. Aber erst als mein Leitartikler seinen Löffel in die beigefarbene Soljanka tunkte, wurde ihm klar, dass sein Vergleich gewaltig hinkte. Das hier hatte nichts mit einer «Zeitreise der Sinne» zu tun, zu der die Speisekarte von Bofinger einlädt. Nichts mit dem Küchenchef und seiner aus «leidenschaftlichen und talentierten Köchen» bestehenden «Brigade». Sein verzerrtes Gesicht verriet ihn: Der Kulturschock hatte ihn mit voller Wucht erwischt. Bofinger und Pankow: zwei Planeten in getrennten Galaxien. Milliarden Lichtjahre voneinander entfernt.

Der Stammtisch ist das Gegenteil des Pariser Bling-Bling. Er hat keine Ähnlichkeit mit dem Salon (bitte mit weichem «S» aussprechen). Dieser Miniatur-Fürstenhof für den Hausgebrauch wird von einem im Dienst der Kultur auftretenden Zeremonienmeister einberufen. Der Salon ist ein Stammtisch für Promovierte. In den deutschen Großstädten erlebt er gerade eine Renaissance. Ein gezwungenes Remake einer ehrwürdigen Institution. Auch da trifft man sich – ganz unter sich.

Am Stammtisch hingegen geht es um schlichtere Freuden. Eisbein und Schlachtplatte. Treffen der Schützen- und Karnevalsvereine. Karaoke. Skatturnier. Wimpel des örtlichen Fußballvereins, von der Wirtin im Kreuzstich gestickt. Wetttrinken von Wodka Gorbatschow mit 40 %, 50 %, 60 %. Samstags Bundesliga im hinteren Zimmer. Permanente Beschallung mit Schlagermusik. Die Silvesterparty kostet 50 Euro, inklusive Spanferkel und vielem mehr. Man muss nicht wie in Paris auf die Straße, um in der Kälte eine zu rauchen. Der Stammtisch ist eine Freizone, in dem das Rauchverbot nicht gilt.

Der Stammtisch ist mit der Welt drum herum eng verbunden. Hier sitzt man Schulter an Schulter. Man zieht über die da oben her, über die Vorgesetzten, die Medien, die Politik. Man gibt energische Forderungen, markige Sprüche von sich. Man verkündet unantastbare Wahrheiten. Hier ist die Welt schwarz-weiß. Man muss sich nicht mit Feinheiten und Zwischentönen herumschlagen. Das hat etwas Beruhigendes. Man kann aussprechen, was einem auf der Seele liegt, ohne dass man Konsequenzen befürchten oder gar zur Tat schreiten müsste. Froh gestimmt und mit leichterem Herzen geht man nach Hause.

Schon immer diente der Stammtisch dem Druckausgleich. Mein elsässischer Großvater traf sich jede Woche mit den Männern, die wie er im Ersten Weltkrieg die Uniform des wilhelminischen Kaiserreichs getragen hatten, zum Stammtisch im Café Central in Colmar. Dort erzählten sie sich ihre Erinnerungen an die Schlachtfelder, von denen ihre Familien nichts hören wollten. Sie pflegten ihre Wunden mit denen, die wie sie durch diese Hölle gegangen waren. Bevor der Stammtisch in Ungnade fiel, trug er, davon bin ich überzeugt, zur seelischen Gesundheit seiner Mitglieder ebenso bei wie zum Funktionieren der Demokratie.

Vielleicht hat man in den letzten Jahren nicht genug darauf geachtet, was vom Stammtisch kam? Denn alle scheinen diesen Think-Tanks zu misstrauen. «Stammtischniveau» heißt es in der Politik, wenn man die gegnerischen Argumente vom

Tisch wischen will. «Stammtischparolen» sind Argumente, die man für engstirnig hält, für populistisch, fremdenfeindlich, missgünstig, revanchistisch, dumpf und dumm. Ein unheilvoller, ja sogar gefährlicher Ort. Was braut sich hinter den harmlosen Fenstern der Gaststuben zusammen? Am Stammtisch sind die Pegida-Protestler zur Schule gegangen, und die AfD-Wähler haben sich hier zum Sturm auf die Wahllokale bereit gemacht. Und ist die Pegida nicht eine Art Straßenstammtisch? Die Gebrauchsanweisung ist identisch. Man trifft sich immer am selben Tag zur selben Stunde am selben Ort, meist bei Einbruch der Dunkelheit. In der einen Hand eine Bierdose, in der anderen eine schwarz-rot-goldene Fahne. Man marschiert gemeinsam. Man schimpft auf die Regierung, auf die Herrschenden. Man fühlt sich benachteiligt. Man hat die Schnauze voll. Endlich spricht man mal aus, was man schon lange auf dem Herzen hat. Wenn die Demoskopen nur auf das gehört hätten, was die Stammtische bewegte. Ah, hätte man einfach aufmerksam durchs Schlüsselloch in die Eckkneipen geschaut. Vielleicht wäre es nicht so weit gekommen.

Sprechende Mauern

An fast jeder Straßenecke wird man in diesem Land auf den rechten Weg geführt. Ich spreche nicht von den Mahnmalen, den Stolpersteinen, den offiziellen Gedenktafeln und Skulpturen, die an die Nazizeit erinnern. Nein – was mich erstaunt und ehrlich gesagt irritiert, sind die vielen moralischen Anweisungen, die hierzulande von früh bis spät auf einen einreden. «Tür schließen!», schreit ein Zettel an der Haustür. Wir werden aufgeklärt, wie sehr diese Energieverschwendung zur Klimakatastrophe beiträgt. «Schäm dich!» ist auf das Küchenpapier mit rotem Filzstift geschrieben und bedeckt einen Hundehaufen auf dem Bürgersteig. Die Notiz «Verloren», an einen Baumstamm geheftet. Eine Goldkette wird vermisst. So weit, so normal. Aber dann folgt, dass der Suchende sich nicht verkneifen kann, uns Mitmenschen zu ermahnen: «Privateigentum muss respektiert werden!»

Nicht einmal beim Sonntagsspaziergang ist man vor dem erhobenen Zeigefinger sicher. Neulich ging ich am Schlachtensee spazieren, einem der großen Berliner Seen. Ich freute mich auf das Plätschern von frischem Wasser und das Gezwitscher der Vögel. Endlich kann ich allein sein mit mir selbst, dachte ich. Hier wird bestimmt kein Über-Ich aus dem Gebüsch springen.

Welch eine Ruhe! Tatsächlich. Umso größer dann meine Überraschung, als ich an der Seespitze ankam. Hier kann man den See in seiner ganzen Ausdehnung bewundern. Hier kann die Seele frei schwingen. Das ewige Grübeln kommt zur Ruhe. Und plötzlich der Schock, als ich genau hier eine Holztafel entdeckte. Nicht etwa ein diskretes Schild, das die Aussicht nicht verdecken möchte, sondern eine riesige Platte. Von Hand darauf diese Botschaft eingeritzt:

> *Said the Robin to the Sparrow,*
> *«I would like to know,*
> *Why these anxious human beings*
> *Rush about and worry so.»*
> *Said the Sparrow to the Robin,*
> *«Friend I think that it must be,*
> *That they have no Heavenly Father,*
> *Such as cares for you and me.»*
>
> Elizabeth Cheney 1859

Ganz abgesehen von den dürftigen Versen, den holprigen Reimen und der christlich-fundamentalistischen Tendenz der Botschaft, ärgert mich die Frechheit desjenigen, der mir eine solche Predigt aufnötigt. Und außerdem, welche Behörde hat diese Tafel genehmigt. Wenn jeder Moralapostel, jeder Guru und sonstige Besitzer esoterischer Weisheiten seine Maximen aufstellen dürfte, wo es ihm gefällt, wie würden die Landschaften dann aussehen? An jedem Baum im Schwarzwald eine sittliche Vorschrift. Die fränkischen Wiesen mit den Zehn Geboten besät. Ich lasse Elizabeth Cheney hinter mir und laufe weiter.

Auch bei einem harmlosen Friseurbesuch ist man vor Belehrungen nicht sicher. Ich habe immer geglaubt, ein Friseursalon – auf Neudeutsch: Studio oder Atelier – sei ein Ort, wo das Gehirn endlich weich wie Pudding werden darf. An nichts mehr denken. Nichts überlegen. Ein bisschen mit der Friseurin tratschen, verschiedene Schattierungen von Nagellack begutachten, einen grünen Tee trinken und dabei in der *Gala* blättern, ohne sich zu schämen.

Der Friseursalon ist eine geschützte Enklave. Im Rausch der Dämpfe von Kamille und Jojobaöl versinkt man in ein sanftes Dämmern, in ein warmes Nirwana. Und kein Mensch käme je auf die Idee, sich jetzt auf existenzialistische Grübeleien einzulassen. In dem Moment, als warmes Wasser mir die Schläfen hinunterfließt und der Stress des Tages langsam vergeht, bemerke ich ein Stück Papier an der Decke. Mit Filzstift steht da in großen schwarzen Buchstaben eine Maxime von Hermann Hesse: «Auf einfache Wege schickt man nur die Schwachen.»

Die Friseurin erklärt mir, dass die Putzfrau jede Woche auf die Leiter steigt und eine neue Lebensweisheit aufhängt. Diese Missionarin ist von einem dringenden Wunsch beseelt: Sie will die Kundinnen des Salons retten.

Hermann Hesse habe ich noch nie gemocht. Ein Schriftsteller für die pubertierenden Jungen meiner Generation. Die Mädchen lasen Flaubert. Hier der starre Pietist, da der antiklerikale Freidenker und scharfe Kritiker der bürgerlichen Moral. Auf meinem Stuhl, Shampoo in den Haaren, frage ich mich: Was ist denn so schlimm daran, wenn man einen leichten Weg einschlägt? Liegt nicht gerade darin die wahre Kraft, die beneidenswerte Kunst, sich das Leben angenehmer zu machen und es sogar zu genießen? Auf unserem Weg werden wir schon noch genug dunklen Stunden begegnen. Schließlich hängt unser Leben nur an einem seidenen Faden, und daran können wir nichts ändern. Überhaupt – was ist ein Schwacher? Jemand der jeden Moment nutzt, weil er weiß, wie zerbrechlich das Leben ist? Also ein Weiser. Zum Teufel mit Hermann Hesse! Ich bevorzuge den Satz von Gustave Flaubert, der das Gegenteil ausdrückt: «Glauben Sie nicht, die nicht behandschuhten Hände seien robuster als die anderen.»

Warum habe ich nicht das Recht, spazieren zu gehen, mir den Kopf waschen zu lassen, mich auf eine Bank zu setzen, ohne dass sich jemand um meine Seele sorgt. Aber Graffiti können uns auch zum Denken bringen. In diesem Land sprechen sogar Hauswände kryptische Wörter. Manchmal notiere ich sie mir und versuche ihren Sinn zu entschlüsseln. Über manche habe ich wochenlang gerätselt. Es lohnt sich, wenn man sie unterwegs notiert und erst zu Hause versucht, ihren Sinn zu entschlüsseln. Manche können einen wochenlang quälen.

Zum Beispiel *«To begin with the obvious:»*. Dieser Spruch steht auf einer Backsteinmauer in einem gentrifizierten Hof zwischen Galerien. Anscheinend ist jemand auf leere Obstkisten geklettert und hat diesen Satz geschrieben: *«To begin with the obvious:»* = «Um mit dem Offensichtlichen anzufangen:»

: und weiter nichts. Nur die graue Sprachlosigkeit der Mauer. Aber was zum Teufel ist offensichtlich. Jeder kann den Satz weiterführen, wie er will.

Warum hat der philosophische Sprayer seinen Satz nicht mehr vollendet? Wurde er von einem wütenden Hausmeister überrascht? Von einem Wolkenbruch? Wollte er die Passanten vielleicht dazu bewegen, über die eigenen Prioritäten nachzudenken? Was ist wesentlich und was nicht? Wie trennt man Spreu vom Weizen?

Auch ein anderer Wandspruch lässt mich nicht los. Seit Monaten sehe ich ihn jedes Mal, wenn ich am Wirtschaftsministerium in der Invalidenstraße vorbeifahre. Jemand fordert uns in Französisch auf: «*Ne lisez jamais!*» Den normalen Passanten, der mit seinem Rollkoffer zum Hauptbahnhof eilt, kümmern philosophische Sprüche an einer Hauswand nicht. Fährt mein Zug pünktlich ab? Fährt er überhaupt ab? Das sind die Fragen. Trotzdem: «Lesen Sie nie!» steht da. Warum dieser energische, fast brutale Befehl? Ein großer Zorn ist zu spüren, eine Kampfansage. Das gefällt mir. Und warum auf Französisch? Die Berliner Mauern sind polyglott. Eine spricht Englisch. Die andere Französisch. Lange habe ich eine deutschsprachige Mauer gesucht.

Ich stelle mir ein plausibles Szenario vor: Ein Abiturient – Leistungsfach Französisch – terrorisiert von jahrelangen Ermahnungen: Lies doch mal was! Du musst lesen! Lies mal was, statt wie ein Bekloppter auf dein Handy zu starren! Warum liest du nicht? Steh endlich auf und lies was, statt immer nur im Bett zu chillen! In deinem Alter habe ich Sartre und Thomas Mann gelesen! Also, gib dir einen Ruck und nimm ein Buch in die Hand! Der Abiturient kann's nicht mehr hören. Zufällig radelt er am Ministerium vorbei. Er steigt ab. Er nimmt seine Sprühdose und lässt auf der nackten Betonmauer den Befreiungsschrei los. «*Ne lisez jamais!*» Ein «Ihr könnt mich mal» für die Ewigkeit. Lesen? Nie wieder! Nein, aus dem wird nie eine Leseratte werden, die Trumpfkarte in mütterlichen Konkurrenzkämpfen. «Meine Tochter ist eine richtige Leseratte!», sagt die eine in engelhaftem Ton. Und die andere denkt: Und mein Sohn ... mein Sohn streunt nachts um das Wirtschaftsministerium herum und beschmiert die Mauern. Aber in einem fehlerfreien Französisch, immerhin!

Wohin mit dem Joghurtbecher?

Ich hatte es mir geschworen: Mülltrennung – niemals! Nichts ist für einen Ausländer einfacher, als über die Mülltrennung in Deutschland zu lästern. Doch es ist einfach zu billig, die Deutschen als Ordnungsfanatiker und Umweltmoralisten abzustempeln.

Schließlich habe ich mich längst angepasst. Jeden Tag beweise ich meinen Willen zur Integration in meinem Adoptivland. Inzwischen habe ich selbst die pingeligsten Regeln im Griff: Ich weiß, wie man einen Bio-Joghurtbecher entkleidet. Der nackte Becher in den rechten Mülleimer. Der Pappmantel links. Die gammelige Petersilie in die Biotonne, das Gummiband aber wandert allein zu den Plastikabfällen. Schon lange kommen die Batterien nicht mehr in den Hausmüll. Mit diesen giftigen Zwergen muss die Drogerie um die Ecke fertigwerden. Abgelaufene Medikamente bringe ich in die Apotheke, alte Elektrogeräte auf den Sperrmüll. Die barocke Verordnung über das Dosenpfand kostet mich heute noch schlaflose Nächte. Die Kiste mit leeren Flaschen hat einen Stammplatz in meinem Kofferraum. Noch immer warte ich darauf, zwei Maracuja-Saftflaschen, die kein Berliner Supermarkt zurücknimmt, an einer

Tankstelle im Sauerland abzugeben. In einem Korb harren fünfundzwanzig leere Marmeladengläser auf die Zusammenführung mit ihren Besitzern. Eine Siedlung von Tüten und Kartons hat sich im Flur permanent etabliert. Seit Wochen hoffen sie, dass eine Entscheidung über ihr Schicksal fällt.

Bei den Eigentümerversammlungen in unserem Haus wird der Mülltonnenkeller zur Kampfzone. Wenn sich am Ende der Sitzung alle darauf freuen, endlich nach Hause zu dürfen, können sie sicher sein, dass einer die Hand hebt, sich räuspert und mit strenger Stimme auf einen wunden Punkt verweist: den Zustand des Müllkellers. Sofort ist die Stimmung im Eimer. Jeder verdächtigt jeden. Wer, bitte schön, stellt seine Kartons grundsätzlich neben die Mülltonne? Kaum verhüllte Vorwürfe fliegen durch den Raum: Es ist allgemein bekannt – und dabei starrt die Dame aus der dritten Etage dem jungen Paar aus der ersten lange in die Augen –, dass bestimmte Bewohner unserer solidarischen kleinen Gemeinschaft (beim Adjektiv *solidarisch* hebt sie die Stimme) sich nicht die Mühe machen, die Gemüseabfälle in die Biotonne zu leeren, sondern sie in der Plastiktüte lassen. Ob sie mal bitte kurz darüber nachdenken! Das hat doch keinen Sinn! Der Müllraum ist das Herz unseres Hauses.

Für mich ist das der Darm. Der Müllkeller ist eng und dunkel, und er stinkt. Hinter der schweren Stahltür verstecken sich beängstigende Lebewesen: Bakterien, Schimmelpilze, Ratten, Würmer, die sich zu einem großen Festmahl bei uns treffen. Das Herz unseres Hauses stelle ich mir anders vor. Den Müll runterzutragen ist die unbeliebteste Aufgabe. Man muss aus dem Haus, den Block umrunden, mit der Schulter die schwere Stahltür aufstoßen und drei Stufen runtergehen. Ich habe immer Angst, dass die Tür hinter mir zufällt. Es ist kalt. Es ist feucht. Seltsame Spuren ziehen sich über den Boden. Die

40-Watt-Lampe an der Decke verbreitet ein grünliches Licht, das nicht bis in die Ecken reicht. Ich beneide die Bewohner, deren Tonnen im Hinterhof stehen. Sie können ihren Müll bei Tageslicht und im Schatten einer Kastanie trennen. Als Bonus haben sie auch die Freude, die Nachbarn im Morgengrauen aus dem Schlaf zu reißen, wenn sie ihre Flaschen, farblich getrennt, im Container explodieren lassen.

Ich muss sagen, dass meine Einweihung in Sachen Mülltrennung traumatisch war. Ich war gerade nach Deutschland gezogen und wohnte seit einigen Tagen in Bonn in der Nähe des Bahnhofs. Eines Morgens trommelte es an meine Tür. Es war meine Vermieterin, eine überzeugte Sozialdemokratin. Am Tag vorher hatte sie sich wie ein Gespenst in ein weißes Laken gewickelt und gegen den Golfkrieg demonstriert. Sie kämpfte auch für Bonn als Hauptstadt des wiedervereinten Deutschlands. Ausgeschlossen, dass das Land in den Osten rückt, nach Berlin, in die Hauptstadt des Dritten Reichs, des Kommunismus und der Kriegsdienstverweigerer! So wirft man die Demokratie zu den Wölfen.

Ich öffnete die Tür. Sie hielt die graue Mülltüte in der Hand, die ich gerade in den Müllkeller gebracht hatte. Ich verstand nicht. Sie kippte den gesamten Inhalt der Tüte auf meinem Küchenboden aus. Sie tat es meinetwegen. Ich sollte mit dem Gesetz der Mülltrennung vertraut werden: Wattepads für das Abschminken legte sie auf eine Seite, Orangenschalen auf die andere, Tampons hierhin, den leeren Kugelschreiber dorthin. Sie schraubte den Deckel vom Glas der Tomatensauce ab und trennte die beiden. Ich saß neben ihr und verfolgte, wie mein intimstes Leben auf den Küchenfliesen ausgebreitet wurde. Am liebsten wäre ich im Boden versunken. Dieses Land, das ich noch so wenig kannte, schüchterte mich ein. Ich wollte nicht schon am dritten Tag gegen eines der höchsten Gebote verstoßen.

Also vertiefte ich mich in die Richtlinien des Umweltbundesamts. Ich habe die Regeln studiert, aber auch die Ausnahmen. Jedes Bundesland, jede Stadt, jeder Bezirk, jedes Haus, jede Küche, so wurde mir klar, hat ein eigenes System. Gab es eine Logik dahinter? Keine Ahnung. Deshalb lernte ich die Regeln auswendig: Joghurtbecher nicht ausspülen, denn das bedeutet eine Verschwendung von Wasser und umweltschädlichem Spülmittel, sondern mit einem Kaffeelöffel auskratzen. Schmutzige Pizzakartons, Taschentücher mit getrocknetem Rotz sowie Windeln nicht ins Altpapier, sondern in den Restmüll geben. Ich machte mich mit den abstrusesten Vorschriften vertraut: Weingläser werden aus anderem Material hergestellt als Weinflaschen. Daher darf man sie nicht in die Glascontainer werfen. Sie gehören wie Glasscherben, Glühbirnen und Porzellan in den Restmüll.

Als ich las, dass Etiketten vom Verpackungspapier abgelöst werden sollten, ging ich davon aus, dass sich da eine obskure Sekte ein besonders strenges Ritual ausgedacht hatte. Ich bewunderte, wie unerschütterlich das Umweltbundesamt an das Gute im Menschen glaubt, wie tief es davon überzeugt ist, dass Disziplin und Gemeinsinn angeborene Tugenden sind. Ich dachte an die chronische Unfähigkeit meiner Landsleute, sich einer solchen Ordnung zu unterwerfen. Doch auch die Deutschen verhalten sich lange nicht so musterhaft, wie man denken könnte. Am Berliner Schlachtensee verwirklichten die Behörden eine in meinen Augen unglaublich naive Idee: Wenn man die Mülleimer entfernte, würden die Leute ihre Abfälle notgedrungen mit nach Hause nehmen. Resultat: Der Weg rund um den See ähnelt den Gassen von Neapel, nachdem die Müllabfuhr ein paar Tage gestreikt hat.

Unter solchen Bedingungen muss man natürlich ab und zu einen Verstoß begehen, wenn man nicht verrückt werden will. Und so erlaube ich mir immer wieder: hopp, eine Tomatendose zu den Kartoffelschalen. Eine Plastiktüte zwischen alten Zeitungen. Einmal die Woche mein kleiner Triumph: Ich werfe grüne, weiße, braune Flaschen in denselben Container. Und keiner weiß, dass ich das bin, schon gar nicht die Dame aus dem dritten Stock. Eine pubertäre Provokation, das ist mir durchaus klar. Aber das brauche ich ab und zu.

Ist das Bessere nicht der Feind des Guten? Manchmal frage ich mich, was wohl der selbstherrliche Präfekt des Pariser Départements Seine dazu gesagt hätte. Monsieur Eugène Poubelle, Namenspatron der französischen Mülleimer, verpflichtete 1883 die Hausbesitzer von Paris, den Mietern Gemeinschaftsbehälter mit Deckel zur Verfügung zu stellen, groß genug, um die Abfälle aufzunehmen. Eine Revolution in der Hauptstadt, deren zwei Millionen Einwohner ihren Müll aus dem Fenster warfen und auf der Straße verfaulen ließen, genug, um meine einstige Bonner Vermieterin für den Rest ihres Lebens mit Albträumen zu versorgen.

Der Präfekt war ein Pionier. Übrigens begnügte er sich nicht mit der Erfindung der Abfalltonne, sondern sah auch noch die Mülltrennung in drei verschiedenen Kübeln vor: einer für Hausmüll, einer für Papier und Stoff, einer schließlich für Glas, Porzellan ... und Austernschalen. So intensiv ich die Liste des Umweltbundesamts auch studiere, für die Austernschalen kann ich keine Vorschrift entdecken. Eine Gesetzeslücke, die dringend geschlossen gehört.

Ein Gegenstand allerdings scheint den Adleraugen der Zensoren vom Umweltbundesamt entgangen zu sein: der Tischmülleimer. Auf den Frühstückstischen der Provinzhotels übertritt dieser kleine Plastikbehälter ungeniert und permanent das Gesetz. Anders als die Reihe der Mülleimer in unserem Keller ist der Tischmülleimer ein gefräßiges Monster, das alles verschlingt, was man ihm in den Rachen wirft: die Alufolie von den Käseecken, die Konfitüredöschen, die Brotkrusten. Ich frage mich, ob der Hotelier sich in seiner Küche hinstellt und den Inhalt der Tischmülleimer sortiert. Doch welche Ordnungswut verbirgt sich hinter diesem Utensil? Welches krampfhafte Bedürfnis, so schnell wie möglich die Spuren des Genusses zu beseitigen? Der Tischmülleimer macht aus dem Schlachtfeld Esstisch einen klinisch sauberen Ort. Was wäre ein flämisches Stillleben mit Tischmülleimer? Weg mit den Quittenschalenspiralen auf der Tischdecke, den Eierschalensplittern am Tellerrand, den Brotstücken, den Fasanenknochen?

Dem Tischmülleimer stehen Helfer zur Seite: der Ministaubsauger, der Tischfeger, der Krümelbesen. Ein ganzes Bataillon technischer Apparate, surrender Motoren, batteriebetriebener Maschinchen brummt über den Tisch. Und ich fürchte mich vor dem Tag, an dem ein Dogmatiker des Umweltbundesamts sich in den Kopf setzen wird, Mülltrennung auf dem Esstisch zu erzwingen: ein grüner Tischmülleimer für den Biomüll, ein gelber für die Joghurt- und Quarkbecher, ein grauer für die Glasflaschen. Nostalgisch denke ich an die unvernünftigen Zeiten zurück, als Hund und Katze sich unter dem Tisch um die Reste stritten.

Nicht jedes Wort lässt sich exportieren

Die deutsche Sprache wimmelt von raffinierten Wortverbindungen und gewitzten Metaphern. Für komplexe Gefühle gibt es Ausdrücke, die klar, einfach und unübersetzbar sind. Diese nicht exportierbaren Wörter sagen viel über die Seele dieses Volkes.

Ganz oben auf die Liste meiner Lieblingswörter setze ich, ohne zu zögern: *Donnerwetter!* Gut, ich gebe zu: *Donnerwetter!* ist ein bisschen altmodisch. Aber hören Sie aufmerksam hin. Es hat seine unglaubliche Kraft, ja, seine jugendliche Potenz nicht verloren. Nicht wie *Großer Gott!* Oder *Meine Güte!*, die taugen gerade noch fürs lexikalische Museum.

Donnerwetter! ist eher eine Detonation als ein Ausruf. Ein Wort wie ein beidseitig tragbarer Anorak. Rückseite: Bestürzung, Wut, Zorn. Vorderseite: Bewunderung, Begeisterung, Ekstase. Diese gegensätzlichen Gefühle in einem Wort zu vereinen – das ist die Heldentat von *Donnerwetter!*

Für mich ist *Donnerwetter!* eine Kindheitserinnerung. Wahrscheinlich ist das der Grund, warum ich das Wort so liebe. Meine deutsche Großmutter gab sich, seitdem 1918 das Elsass wieder französisch geworden war, ihr Leben lang Mühe, ihre Wurzeln als *Boche* zu verdrängen. Doch wenn sie staunte, rutschte ihr oft dieser Ausdruck heraus. Die Bedeutung des fremden Begriffs verstand ich nicht, wohl aber seine Kraft. *Donnerwetter!* glitt ganz natürlich über ihre Lippen, wenn sie gerührt war. Ohne es zu merken, fiel sie in die Sprache ihrer Kindheit zurück. *Donnerwetter!* befreite sich aus der tief vergrabenen schwarzen Kiste, in der sie ihre deutsche Identität sorgsam verborgen hatte. Meine Großmutter konnte nichts dagegen tun. *Donnerwetter!* war stärker als sie. So wie ich selbst nach vielen Jahren des Exils in Berlin immer noch *merde!* schreie, wenn mir ein Glas aus der Hand fällt. In der Muttersprache zu fluchen ist die einzig wahre Erleichterung. Der letzte Widerstand gegen die komplette Assimilierung.

Für das großartige *Donnerwetter!* bietet die französische Sprache nur blasse Übersetzungen an. *Merde!* ist nur ein kümmerliches Buchstabenhäufchen. *Sapristi!* klingt harmlos und lächerlich. Es ist nicht so schlagkräftig wie *Donnerwetter!*. Dieses mickrige *Sapristi!* kann mit seinen piksigen «i» keinen Wutanfall verkörpern. Dagegen ein Unwetterhimmel, von Blitzen zerrissen, Wolken, die über den schwarzen Horizont rollen, betäubende Donnerschläge – das sind die Elemente, die mit dem *Donnerwetter!* entfesselt werden. Der Mund steht weit offen, man bekommt ihn nicht mehr zu, solange Zorn oder Bewunderung ihm entströmen. Die Augen treten aus ihren Höhlen. *Donnerwetter!* ist ein Feuerwerk der Gefühle.

Von anderen unübersetzbaren Wörtern erfahren wir viel über die Feinheit einer Sprache. *Es läuft nicht weg* finde ich genial. Eines dieser einfallsreichen Bilder. Die deutsche Sprache, so konkret, so plastisch, so wenig selbstgefällig, hat das Patent dafür. *Es läuft nicht weg* ist ein Bild voller Weisheit. Es beruhigt mich sofort, wenn ich glaube, etwas Wichtiges zu verpassen, wenn ich hilflos dastehe und zusehe, wie das Leben vor meinen Augen davontänzelt. Immer mit der Ruhe!, sagen diese vier Wörter. Alles zu seiner Zeit. Es gibt keine verpassten Chancen. Man muss nur warten, und schon entknotet sich alles von allein. Wenn nicht heute, dann eben morgen. *Es läuft nicht weg* ist die Bremse für die vorbeifliegende Zeit. Und ja, das Leben hält an und wartet höflich, bis wir so weit sind.

Trotz seiner etwas rauen und simplen Erscheinung hat *Man steckt nicht drin* eine psychologisch sensible Seite. Seit Bestehen der Welt gibt es diesen Wunsch: Könnte man sich doch nur ganz klein machen, den Atem anhalten und sich in das Leben der anderen einschleichen, in ihren Kopf, in ihre verzwickte Gedankenwelt. Könnte man sie doch nur dechiffrieren. Aber *man steckt nicht drin* schlägt uns die Tür vor der Nase zu. Privat! Die anderen bleiben undurchdringlich, und einzig und allein beobachten wir von außen die Geheimnisse, die sich unter der opaken Oberfläche zusammenbrauen. *Man steckt nicht drin* fordert uns auf, uns zurückzuhalten, die Grenzen zwischen uns und den anderen zu respektieren. Wir sind keine allmächtigen Götter, die alles verstehen, ordnen, steuern können. Vier Silben, die uns Demut zeigen.

Eine der Stärken der deutschen Sprache: Im Gegensatz zur französischen ist sie besser geerdet. Manche Ausdrücke beschreiben Seelenzustände so überwältigend klar, dass vor dem inneren Auge kleine Filmszenen ablaufen. Zum Beispiel: *Er geht zum Lachen in den Keller.* Man erfasst sofort den Sinn: ein Mann, gekrümmt, mit Tränen in den Augen. Von einem Lachkrampf geschüttelt, läuft er aus dem Zimmer, rennt zur Kellertür, reißt sie auf, stürzt die Treppe hinunter, kauert zwischen dem üblichen Gerümpel: klapprige Möbel, Spielzeug, Kartons,

Werkzeug. Er lacht, lacht wie besoffen. Er schlägt sich auf die Schenkel. Er ist ganz allein. Hinter den dicken Kellerwänden hört man ihn nicht. *Er geht zum Lachen in den Keller* beschreibt im Deutschen aber jemanden ohne den geringsten Humor. Ernst. Trocken. Ein *pisse-froid*, wörtlich: «ein Kaltpisser», so nennt man auf Französisch einen Miesmacher. Als besäße das Lachen die Sekundärtugend, den Urin zu erwärmen.

Wie sieht einer aus, der zum Lachen in den Keller geht? Ein starres Gesicht, das nicht einmal ein kleiner Witz, eine fröhliche Anrede auflockern kann. Ein Scherz, der die Atmosphäre entspannen soll, prallt an dieser Fassade ab. Eine andere Frage liegt mir aber noch auf den Lippen: Warum verkriecht sich dieser Mann in den Keller? Ist es so schlimm, mitten im Wohnzimmer zu lachen?

Ich erinnere mich, dass wir bei der Beerdigung meines Großvaters viel gelacht haben. Ein Elsässer mit einem feinen Sinn für Humor. Ich war damals noch ein Kind und begriff instinktiv, dass das Gelächter der Erwachsenen kein unangemessenes Verhalten war. Sie würdigten damit den Mann, der uns so oft zum Lachen gebracht hatte mit diesem letzten Gruß, sie linderten den Schmerz, sie feierten das Leben, das ohne ihn weiterging. «Das Lachen ist wie ein Scheibenwischer», so ein französischer Komiker, «der Regen hört nicht auf, aber man kann weiterfahren.»

Ich bewundere Leute wie meinen Großvater, die eine ganze Gesellschaft zum Lachen bringen können. In jeder Familie gibt es einen Onkel, eine Cousine mit diesem Talent. Ein französisches Sprichwort sagt: «Eine Frau, die lacht, hat schon einen Fuß im Bett.» Wer braucht Porsche und graue Schläfen, wenn er Humor hat.

«*Wir müssen uns endlich damit auseinandersetzen!*» Dieser Satz stürzt mich in Panik. Ein klassischer Albtraum: Ich möchte fliehen, bleibe aber wie angenagelt sitzen, ausgeliefert. Der herrische Satz fällt immer dann, wenn man sich schon aufs Gehen freut. Der Elternabend ist zu Ende. Ich bin zum Absprung bereit und freue mich auf ein Glas kühlen Rosé auf dem Balkon. Ich kann schon die laue Abendluft spüren. Doch ohne jede Vorwarnung hebt sich eine energische Hand und flattert wie eine kleine Fahne über den Köpfen. Jemand ergreift das Wort: «*Wir müssen uns aber damit noch auseinandersetzen!*» Adieu Rosé, adieu Junibrise, adieu Balkon. Alle lassen sich wieder auf den harten Holzstühlen nieder. Schließlich muss man sich zusammensetzen, um sich auseinanderzusetzen. Wir holen tief Luft. Es geht von vorn los. Was ist eine Auseinandersetzung? Ohne dass man mich nach meiner Meinung fragt, muss ich mir stundenlang Argumente anhören. Der Elternvertreter bricht auf zu einem Monolog. Er doziert, von seiner Sache überzeugt. Heute Abend hat er eine große Mission: *sich auseinandersetzen.*

Sich auseinandersetzen: Gibt es etwas Deutscheres? Versuchen Sie es doch mal in eine andere europäische Sprache zu übersetzen!

S'attaquer à un problème – ein Problem angreifen. Im Französischen löst man Probleme, indem man in den offenen Kampf geht, mit Geschrei und Tritten. Wer ist der Stärkere? Ich oder das Problem? Sehen Sie sich nur einmal die Arbeitskämpfe an, dann wird Ihnen sofort klar, wie man sich in Frankreich auseinandersetzt.

Sich auseinandersetzen. Schon der Ausdruck ist kompliziert. Eine Collage aus Partikeln, Pronomen und Verbfetzen. Ich setze mich nicht hin oder nieder, ich setze mich auseinander.

Vor meinem inneren Auge entsteht ein merkwürdiges Bild: Ich nehme mich selbst Stück für Stück auseinander. Ich zerfalle in meine Bestandteile.

Wer es schafft, dieses Wortmonstrum auszusprechen, kann gar nicht anders als ernst sein. Gesten sind erlaubt, auch ein leichtes Heben der Stimme. Der Tonfall aber bleibt nüchtern. Bei *Auseinandersetzungen* sind strengstens verboten:

1. Lachen
2. Charme
3. Witz
4. Sexappeal
5. Mein Rosé, der immer wärmer wird

Wenn man sich schon auseinandersetzt, dann *gründlich*.

Das Geschlecht der Städte

Ich habe gehört, dass sich die Gleichstellungsbeauftragten mehrerer deutscher Städte in einen neuen Kampf gestürzt haben: Die Ampelmännchen sollen durch Ampelfrauen ersetzt werden. Schon lange rätselt man, welchem Geschlecht die Engel angehören. Jetzt stellt sich die gleiche Frage für die Städte. Der öffentliche Stadtraum, so die Gender-Vorkämpferinnen, ist männlich dominiert. Er muss geschlechtergerechter gestaltet werden. Als ich von dieser Initiative erfuhr, sagte ich mir, dass die Deutschen ein wirklich außergewöhnliches Talent für absurde Diskussionen haben.

Beim Taufnamen fangen die Probleme schon an. Ampelfräulein, Ampelmädchen, Ampelweibchen … all diese Verkleinerungsformen riechen nach Diskriminierung. Ampelweib ist zu grob. Ampelmadame würde der tristen Sprache der Straßenverkehrsordnung zweifellos ein gewisses mondänes Flair einhauchen. Eine Ampelmademoiselle wiederum würde niemand ernst nehmen. Bei Ampelgirl käme einem sogleich eine Riege amerikanischer Cheerleaders in den Sinn. Stellen Sie sich vor, wie sie in einer Reihe tanzen und mit allem wackeln, was sie haben: Pompons, Popo, Fähnchen, um den Passanten anzuzeigen, dass sie über die Straße gehen dürfen. Ich würde eher für die schlichteste Antwort plädieren: Ampelfrau. Folgt die heikle Frage der Garderobe. In den Städten, in denen es die Damen bereits gibt, tragen diese Symbole der urbanen Emanzipation weite Glockenröcke und – halten Sie sich fest – Zöpfe! Sie lassen eher an Landpomeranzen aus einer längst vergangenen Zeit denken als an emanzipierte Frauen, die den Aufstieg in die Chefetagen geschafft haben. Suchen Sie in den Straßen der deutschen Städte doch mal eine Frau, gleich welchen Alters oder welcher sozialen Herkunft, die sich noch nach der Mode der sechziger Jahre kleidet. Außer im rheinländischen Karneval und in abgelegenen Provinz-Enklaven werden Sie keine finden. Was für eine altbackene und rückschrittliche Darstellung der Frau! Irgendwas zwischen Heidi in den Alpen und Rotkäppchen im tiefen Wald. Fehlen nur noch die Schürze und der Korb mit Kuchen und Wein. Sicher, der Umriss einer zeitgenössischen Ampelfrau ist nicht leicht auszuschneiden: hochgesteckt, Bob, kurze Haare à la Jean Seberg oder Punkrasur? Hosenanzug, Jeans, Leggings, Minirock oder Minishorts? Unlösbar das Problem der Absätze: Mit flachen Schuhen sieht sie aus wie ein Mann, wozu dann das Design ändern? Mit hohen Absätzen erinnert sie an eine Barbie, das Feindbild par excellence.

Damit kommen wir zur eigentlichen Frage: Worin unterscheidet sich in unserer androgynen Gesellschaft eine Frau von einem Mann? Schon lange spielt die Dichotomie Hut/Hose und Zopf/Rock keine Rolle mehr. Wollen wir uns von der äußerlichen Differenzierung der Geschlechter verabschieden, sehe ich nur eine einzige Lösung: alle splitternackt und im Profil. Der Ampelmann mit erigiertem Penis. Und die Ampelfrau mit spitzen Brüsten. Dann herrscht endlich Klarheit. Und um die Leuchtfläche zu vergrößern, wählt man statt der magersüchtigen Silhouetten heutiger Frauen üppige Rundungen à la Rubens. Das hätte außerdem einen erfreulichen Nebeneffekt: Die Fußgänger könnten ein paar Sekunden in erotische Träumereien versinken, während sie an der Ampel auf Grün warten.

Es geht hier nicht nur um ein Prinzip, sondern um einen fundamentalen Grundsatz, und genau da drückt der Schuh. Wird die Diskussion um das Geschlecht der Ampel die Sache der Frauen vorantreiben? Was bringt es der jungen Mutter mit dem Kind im Buggy und ohne Kindergartenplatz, wenn sie auf dem BürgersteigerIn auf die grüne Ampelfrau wartet? Über Jahrzehnte hat dieses Land sich in absurde Grundsatzdebatten verstrickt, statt sich um die geeignete Unterbringung von Kindern zu kümmern. Deutschland mag bei der sprachlichen Gleichstellung einen Spitzenplatz einnehmen, doch wenn es darum geht, Frauen die Berufstätigkeit zu ermöglichen, hinkt es trotz der Bemühungen der letzten Jahre weit hinter seinen europäischen Nachbarn her.

Bei der Polemik über das Ampelgeschlecht ist der Zug jedenfalls abgefahren. Ich darf darauf hinweisen, dass die Unterscheidung Männer/Frauen schon seit Ewigkeiten nicht mehr so einfach ist, wie die für Verkehrszeichen zuständigen Gesetzgeber es gern hätten. Im Niemandsland zwischen männlich und weiblich sind die Dinge wesentlich komplexer. Wie können die verschwimmenden Geschlechtergrenzen in die Landschaften unserer Städte integriert werden? Welche Richtlinien für die Lichtsignalanlagen würden es Transvestiten, Transsexuellen, Transidenten erlauben, die Straßen rechtmäßig zu überqueren? Da haben wir schon die nächste harte Nuss für Stadt- und Verkehrsplaner. Neben Ampelmann und Ampelfrau muss ein neutrales Ampelgender treten. Auch Menschen mit unklarer sexueller Identität – diejenigen, die sich im Körper eines Mannes als Frau fühlen und umgekehrt – haben ein Recht darauf, wahrgenommen zu werden. Wie ist es zu verhindern, dass die Transgender, deren Geschlecht von dem im Personalausweis abweicht, all die ambivalenten Zitterwesen, festgenagelt am Straßenrand stehen bleiben und ohnmächtig erstarrt die Ampel fixieren, die nichts mit ihnen zu tun hat?

Die Frage der *identity politics*, von der die Vereinigten Staaten besessen sind, hat die deutsche Frauenbeauftragte noch nicht erreicht, die doch so hoch auf dem Ross der Gleichbehandlung sitzt. Mein Vorschlag zu einem Ampelwesen: halbe-halbe. Ein erigierter Phallus und ein Paar Zöpfe. Ein Glockenrock und ein Melonenhut.

Andererseits – warum sich in eine von vornherein verlorene Debatte verbeißen? Warum in einen so überflüssigen Krieg der Geschlechter ziehen, wenn all diese Probleme mit einem Schlag gelöst werden könnten? Statt Ampelmann, Ampelfrau und allen Zwischenstufen leuchtet ein neutrales Symbol auf: eine Blume, ein Vogel, eine geometrische Form. Schon ist die Sache geritzt. Wenn ich mir diese Bemerkung erlauben darf: Die Deutschen sind Weltmeister, wenn es darum geht, den Dogmatismus bis ins Groteske zu treiben. Das nüchterne «*Walk. Don't walk*» der Amerikaner dagegen gilt für die Geschlechter mit all ihren Facetten, seien sie auch noch so ausgefallen.

Eine Anmerkung noch, die sich mir aufdrängt. Mann, Frau, Transgender – alle Ausländer werden Ihnen sagen, dass das Ampelgeschlecht sie völlig kaltlässt. Nicht weil wir besonders sexistisch oder von unverbesserlichen Machos beherrscht würden. Sondern weil – ob in Paris, Rom oder London, in New York, Tel Aviv und sogar in Lausanne, im frankophonen Teil der Deutschland so ähnlichen Schweiz – nirgendwo jemand brav abwartet, dass das Ampelmännchen oder seine Gattin das Überqueren der Straße erlaubt. Nur in Deutschland warten die gehorsamen Passanten aufgereiht wie Perlen an einer Schnur, selbst wenn die Fahrbahn verlassen daliegt und kilometerweit kein Auto zu sehen ist. Überall sonst geht man bei Rot über die Ampel, man läuft Slalom zwischen den Autos, man wirft sich in die stürmische Flut des Verkehrs und: Inschallah.

Die Erotik der Warze

Brustwarze. Von allen Wörtern der deutschen Sprache ist mir dieses am unbegreiflichsten. Wenn ich es höre, möchte ich einfach losschreien. Wie kann man eine der erotischsten Zonen des weiblichen Körpers denn mit einem derart hässlichen Begriff bezeichnen! Nur ein Weitsichtiger könnte diese zarten Objekte der Begierde als «unter Umständen ansteckende, kleine, scharf begrenzte und in der Regel gutartige Epithel-Geschwulste der oberen Hautschicht» schildern – eine Information, die er dann Wikipedia entnommen hätte. Selbst dem hungrigsten Säugling oder dem leidenschaftlichsten Liebhaber würde bei dem Wort *Brustwarze* der Appetit vergehen.

Dabei gibt es doch so erlesene Beschreibungen für die pigmentierten Spitzen der Brüste. Die französische Sprache liebkost sie mit reizvollen Ausdrücken: Erdbeeren oder Kirschen, Perlmuttkrone, göttlicher Kreis für Liebende, aufblühende Rosenknospen. Am schönsten finde ich «Rehzwillinge auf der Weide». Beim Gedanken an diese beiden Kitze, die Seite an Seite über die seidene Landschaft der Haut trippeln, kommt man ganz anders ins Träumen als bei einem Paar Geschwülste, finden Sie nicht? Mir gefällt auch John Updikes Formulierung *«dear little nipples like rabbit noses»*. Die «Busenschnabeln» der Portugiesen. Oder im Hebräischen «Limonen». Selbst das Straßendeutsch ist besser: Lollos, Titten, Nippel, Möpse, Hupen, Zitzen, Quarktaschen ... Nicht besonders geschmackvoll, aber sexuell kompatibler als *Brustwarze*.

Schon oft habe ich mich gefragt, wie Pierre de Ronsards *Sonette der Liebe* aus der zweiten Hälfte des 16. Jahrhunderts klingen würde, wollte man das hübsche *téton* durch die grässliche *Brustwarze* ersetzen:

> *Im Garten, des Morgens, sehe ich,*
> *wie eine neue Blume erblüht, und die Knospe*
> *erinnert mich an den téton ihrer schönen Brust, so rund.*

Ebenso würde ein einziges Wort Maurice Chevaliers erste Liebe in einen Albtraum verwandeln:

> *Sie hatte ganz kleine Füßchen, Valentine, Valentine,*
> *Sie hatte ganz kleine Brüste*
> *die ich ganz vorsichtig berührte,*
> *Ton ton tontaine.*

Und das «Loblied des schönen Brüstchens» von Clément Marot, in dem er den von ihm angebeteten Busen besingt?

> *Ah, kleine Kugel aus Elfenbein,*
> *in der Mitte eine Erdbeere*
> *oder eine Kirsche.*

Da wäre es einfach, einen klaren Schluss zu ziehen: Im Liebesspiel sind die Deutschen keine Virtuosen. Sie verwechseln die Sprache der Erotik mit einem dermatologischen Fachaufsatz. Genau das war meine erste Reaktion, als ich über das Wort stolperte. Aber im Laufe der Jahre, als diese Sprache mir vertrauter wurde und ich anfing, mir ihre Worte auf der Zunge zergehen zu lassen, schaute ich mir die Brustwarze aus der Nähe an.

Jeder ehrliche Beobachter muss zugeben, dass das Deutsche die Tatsachen wesentlich genauer wiedergibt als die blumigen Wendungen des Französischen. Tatsächlich erinnern die Brustspitzen eher an zwei vorstehende Warzen als an zwei dahingaloppierende Rehkitze oder an Rosenknospen. Eine Sprache ist ein komplexes Bauwerk. Die Wörter sind durch seltsame Konstruktionen und Verwandtschaften verbunden. Die deutsche Sprache lässt uns die Dinge mit den Händen greifen. Sie ist konkret, wo das Französische abstrakt ist. Sie ist plastisch, wo das Französische wolkig wird. Sie ist sinnlich, wo das Französische prüde ist. Ohne zu erröten, beschreibt sie das, was sie sieht, während das Französische um den heißen Brei herumredet und sich zu gern in preziöse Metaphern flüchtet.

Im Deutschen weiß man, woran man ist. Ganz besonders, wenn es um den Körper geht.

Nehmen wir das schöne Wort *Mutterkuchen*, der Kuchen, den die Mutter in den Tiefen ihres Leibes zubereitet, um ihr Kind zu ernähren. Man braucht weder Aufgabe noch Aussehen zu erklären. Wie viel kräftiger ist dieser Mutterkuchen als die *placenta*, die das Französische vom Latein geborgt hat. Die *placenta* spricht nur altsprachliche Gelehrte an, die jede Berührung mit dem Leiblichen scheuen. Sie allein können das etymologische Rinnsal bis zu seiner Quelle zurückverfolgen:

Plazenta ist das lateinische Wort für Kuchen. Warum also vermeidet die französische Sprache die Übersetzung? Glauben Sie, dass die Wöchnerin (noch ein schönes Beispiel – nach der Entbindung sollte sich eine Frau mindestens eine Woche schonen), glauben Sie also, dass eine Wöchnerin eine *Plazenta* sieht, wenn die Hebamme ihr triumphierend ein dunkles, üppiges Stück Fleisch präsentiert, wie ein Metzger, der ein Stück Kalbsleber hinhält, bevor er es in Papier verpackt. Ja, das ist ein echter *Mutterkuchen*.

Oder der *Blinddarm*, diese Sackgasse im Verdauungssystem. Da landen die Eierschalen. Das bekam ich als Kind zu hören, wenn ich mein gekochtes Ei zu gierig verschlang, ohne die Schalensplitter aus dem klebrigen Eigelb zu fischen. Wie viel besser als das im Französischen verwendete lateinische *caecum* illustriert doch der *Blinddarm* seine Funktion. Und ein wahres Wunderwerk ist der *Wurmfortsatz*, im Französischen *appendice* genannt, diese hohle Ausbuchtung am Ende des Blinddarms. Wenn er sich entzündet, muss man ihn entfernen. Eine Operation, der sich die meisten Franzosen meiner Generation fügen mussten.

«Pass auf!», rief unser Hausarzt und sah mir direkt in die Augen. Von rätselhaften Bauchschmerzen fast zerrissen, saß ich mit meiner Mutter vor ihm. «Pass auf, wenn wir nicht sofort operieren, droht dir eine Peritonitis!» Dieses Wort entsetzte mich. Schon sein Klang verstärkte meine Schmerzen. Heute bin ich sicher, dass ein deutscher Arzt mich hätte beruhigen können. Er hätte mir erklärt, dass man meinen Bauch im Krankenhaus von dem *Wurmfortsatz*, einem zehn Zentimeter langen üblen Wurm, befreien würde. Dass der an meinen Schmerzen schuld sei. Dass damit die Gefahr einer *Bauchfellentzündung* ausgeschlossen werde. Vor meinem geistigen Auge defilierten die

Hauptakteure des kleinen Dramas: ein großer böser Wurm, der die weich gepolsterten Wände meines Bauchs angreifen wollte. Ich wäre fröhlicher unters Messer gegangen. Stattdessen wendete der Arzt sich an meine Mutter und erläuterte ihr, dass der Appendix eine hohle Ausstülpung in der Mitte des *caecum* sei. Er werde von der appendicularen Arterie vaskularisiert. Sie kommt von der ileo-bicaeco-appendiculo-colischen Arterie und folge dem freien Rand des Mesocolon transversum.

Meine totenbleiche Mutter hielt mir die Hand. Der Bauch ihrer Tochter sollte aufgeschnitten werden. Ihr Kind war in Lebensgefahr. Wir waren starr vor Angst. Zwei Analphabetinnen vor einem Schwall unverständlicher Wörter. *Wurmfortsatz* und *Blinddarm* dagegen hätten uns solche Ängste erspart. Die französische Sprache scheint vergessen zu haben, dass sie zwei Seiten hat: eine technische für die Fachleute. Und die Bilder für uns übrige Sterbliche. Nie wäre es unserem Arzt in den Sinn gekommen, sich auf unser Niveau herabzulassen. Irgendwie nehme ich ihm das bis heute übel.

Ach, und dann die *Sitzbeinhöcker*, die hervortretenden Extremitäten am Becken. Sie bilden den Sockel, auf dem wir uns beim Sitzen ausruhen. Ein Klappsessel, fast wie im Theater. Man hat ihn immer dabei und klappt ihn bei Bedarf auf. So praktisch. So einfach. So perfekt. Warum hat das Französische nicht daran gedacht? Warum die Dinge so kompliziert machen und die Knochen am Hintern in ischiale Tuberositas, in *tubérosité ischiatique,* verwandeln? In meinem Land hören sich Yogakurse wie Anatomiereferate an: «Beim Einatmen lasst ihr euch auf eure ischiale Tuberositas nieder, richtet die Vertebra cervicalis (die Halswirbel) auf, hebt das Sternum (das wunderbare *Brustbein*, ein platter Knochen, von dem die Rippen abgehen) und schaut entspannt nach oben. Atmet tief ein und aus.»

Während die Stimme uns schon auffordert, uns zu entspannen, versuche ich immer noch, die diversen Körperteile zu identifizieren, um sie in die vorgeschriebene Position zu biegen.

Ich liebe auch die *Schamlippen*, kleine und große. Bevor es die Intimrasur gab, wurden sie niemals den Blicken anderer ausgesetzt. Sie versteckten sich errötend im Wirrwarr der *Schamhaare,* wie das Deutsche es nennt, während das phantasielose Französisch *das Schamhaar* als *poils pubiques*, Pubeshaar, bezeichnet. Die keuschen Lippen scheuen das Licht der Öffentlichkeit.

Und der *Damm*, der Deich des Unterleibs. Wie könnte man die Muskeln besser beschreiben, die die Organe abstützen? Man sieht eine große Schale vor sich, in der Blase, Darm, Gebärmutter, Lymphe und Sekrete schwimmen, von einem Damm daran gehindert, in großem Schwall auf den Boden zu pladdern. Viel besser als *périnée*, Perineum, bei dem mir nur der *Gaffiot*, das lateinisch-französische Wörterbuch, einfällt. Generationen französischer Gymnasiasten haben an ihm gelitten. Wer kein Latein gelernt hat, hat im Französischen keine Chance. Erst wenn man den *Gaffiot* aufschlägt, kann man die Fundamente der Sprache ausgraben. Im Deutschen dagegen nehmen die Wörter vor den Augen Gestalt an. Man sieht die Körperteile und ihre Funktionen vor sich. Man versteht auf Anhieb. *Scheide* – sofort denkt man einen Ritter, anders als beim klinischen Wort *vagin*. Man stellt sich d'Artagnan vor, wie er sich auf dem ehelichen Lager aufrichtet und sein Schwert in einer weichen und wie für ihn gemachten Hülle versenkt. Der französische Slang versucht, das Deutsche nachzuahmen. Er spricht von *Klarinettenhülle*. Aber zwischen einer Stichwaffe und einem Blasinstrument ... Umso mehr, als *Vagina* auf Deutsch *Scheide* bedeutet. Aber auch hier schreckt das Französische davor zurück, die Dinge beim Namen zu nennen. Das Französische verhüllt die Sexualorgane mit dem Schleier einer toten Sprache. Vielleicht ist das der Grund: Um sich von der Fachsprache der Gynäkologen zu befreien, haben die Franzosen für das weibliche Geschlechtsteil namens Scheide eine Parallelsprache erfunden. Und so entstand eine beeindruckende Sammlung von Wörtern aus den unterschiedlichsten Bereichen: Tierwelt (Katze, Muschi, Mieze, rosa Terrier), Obst (Feige, Aprikose, Pflaume), Geographie (lachendes Wäldchen, Tal, geteilter Berg, brennender Dornbusch, Freudenschlucht, Bermudadreieck), Liebesrinnsal (Ronsard) und Winterwald (Apollinaire). Auch der religiöse Kosmos diente als Inspirationsquelle (Weihwasserbecken, versprochenes Land, pelziger Altar, Krippe des Jesuskinds, Liebestempel), das Militär (Siegerstraße) sowie die Architektur (Erdgeschoss, Liebeskamin, Schwanzgarage, Festsaal, Schlüsselloch, kleine Zuflucht (Boris Vian). Selbst der Orient wird bemüht (Wunderlampe).

An der Art, wie ein Volk seine Wörter formt, zeigt sich seine Einstellung zum Leben und zum Tod. Bei den Todesanzeigen ist bei mir der Groschen gefallen. In Deutschland wird der Tod schnörkellos mitgeteilt: «Helmut Schmidt ist tot», berichteten die Medien. Die schlichte Botschaft enthält alles: Mehr gibt es nicht zu sagen. In meinem Land darf man den Tod nicht direkt benennen. Das Verb *sterben* ist zu brutal. Es muss unbedingt vermieden werden. Deshalb verrenkt sich das Französische: Michel Rocard, der sozialistische Politiker, ist verschieden. Er ist gegangen. Er ist entschwunden. Er ist auf seinen Stern zurückgekehrt – sogar das las ich neulich. Wenn mir in meiner Kindheit der Tod eines Verwandten mitgeteilt wurde, sagten die Eltern, um mich nicht zu ängstigen: «Er ist gegangen.» Ich verstand nicht und wartete darauf, dass er bald wiederkommen würde. Ich stellte mir Onkel Louis vor, mit seiner Mütze auf dem Kopf, wie er am Steuer seines Citroëns saß und in den sonnigen Süden aufbrach. Als ich eines Tages endlich begriff, wohin diese mysteriöse Reise in Wahrheit erfolgt war, reagierte ich wütend. Die Erwachsenen hatten mich nicht ernst genommen. Onkel Louis war nicht auf der Straße unterwegs, sondern wurde von den Würmern gefressen.

Mit Niveau

Da hört der Spaß auf!» Die Mahnung trifft mich wie ein Faustschlag. Sie wird kategorisch erteilt, Widerspruch ist nicht gestattet. Der Spaß hört auf! Und zwar auf der Stelle! Nicht einmal das kleinste Kichern, ein letztes unterdrücktes Lachen ist erlaubt.

Ich gebe es zu: Es gibt Grenzen, die man nicht überschreiten darf.

Aber meistens wird man von diesem Satz erwischt, ohne zu wissen, was man getan hat. Wir reden, wir lachen, wir machen schlechte Witze. Nichts Schlimmes. Aber dann kommt plötzlich: «Da hört der Spaß auf!» Und derjenige, der das gesagt hat, zeigt dabei die unsichtbare Grenzlinie auf, die er gerade gezogen hat. Er weiß, wo es langgeht, und das muss der Runde unbedingt mitgeteilt werden. Wir, die anderen, haben die Linie übertreten, ohne es zu merken. Schluss mit den schlechten Witzen! Schluss mit dem Herumalbern!

Ich kenne kein anderes Land, in dem die Grenze zwischen dem Ernsten und dem Unterhaltsamen, zwischen der sogenannten E- und U-Kultur, so wenig durchlässig ist. Alles wird sauber aufgeteilt: hoch gegen niedrig, wertvoll gegen trivial, seriös gegen leicht. Jeder hat sein eigenes Lieblingspaar aus E und U: Stockhausen und Helene Fischer, altsprachliches Gymnasium und Muckibude, Klavierstunden und Ballerspiele, *FAZ* und *Bild* ... Aber haben diese Partner sich wirklich nichts zu sagen? Als würde E nie ein Techtelmechtel mit U haben. Als würde U nicht ab und zu E verführen wollen.

Zum Beispiel mein Lieblingspaar: Mozart und Charles Aznavour. Ich höre Sie schon sagen: «Na, na, Madame, da hört der Spaß aber auf!» Und ich bin fast sicher, dass Sie sich über Aznavour lustig machen und Mozart verteidigen. Denn Mozart hat *Anspruch*!

Armer Mozart – als E etikettiert, wo er doch so leicht sein kann, so sehr U! Ich bin überzeugt, dass ihm das nicht gefallen hätte. Und wer Aznavour als U abwertet, versteht nichts von der Sehnsucht der Liebe. Zum Glück hat der Zaun zwischen E und U Löcher. Und egal, was die professionellen Klassifizierer sagen – die Welt ist nicht fad genug, dass sie in zwei saubere Schubladen passt.

Es ist natürlich beruhigend, wenn man alles fein trennen kann. In die obere Schublade steckt man alles, was *Niveau* hat. Was für eine Zauberformel! Wenn Sie ein Produkt bewerben wollen, wenn Sie wollen, dass Ihnen alle Türen offen stehen, dann brauchen Sie nur zu sagen: *mit Niveau*. Der französischen Touch gibt der Sache den letzten Schliff.

In Deutschland kann alles, aber auch wirklich alles, ein Upgrade *mit Niveau* bekommen. Es gibt Hip-Hop *mit Niveau*, Streiten *mit Niveau* (wie soll das denn gehen?) und sogar Witze *mit Niveau* (leider haben sie die Eigenart, nicht witzig zu sein). Es gibt hier sogar den Seitensprung *mit Niveau*, was praktisch ist: Plötzlich hat diese Tat einen Hauch von Noblesse, und der Treulose kann mit ruhigem Gewissen nach Hause gehen. Im

Blitz, der Zeitung von Eberswalde, bin ich über die Kleinanzeige einer Trauerrednerin gestolpert. Sie bietet «niveauvolle Worte des abschiedlichen Gedenkens» an. Die Dame mit Vornamen Dorle ist Tag und Nacht telefonisch erreichbar, falls Sie einen Toten mit edlen Worten einbalsamieren wollen. In Ostwestfalen gibt es eine Autolackiererei *mit Niveau*. Und in München eine Peepshow *mit Niveau*. Wie soll das gehen? Halten die Girls beim Striptease einen Vortrag über Immanuel Kant?

Beim Wort *Niveau* muss ich an meine Studienzeit denken. *Au niveau de / auf dem Niveau von* war damals eine sprachliche Marotte. Ich quälte mich stundenlang mit dem E-Philosophen Jacques Derrida ab und hielt mich für etwas Besseres. *Auf dem Niveau von ...* – so dachte ich – gab meinen konfusen Gedanken einen intellektuellen Glanz. Ich benutzte diese Formel in jeder Arbeit. Diese Macke nervte unseren Professor, Monsieur Jaby: «Sie klingen wie ein Liftboy von früher, der im Warenhaus auf jeder Etage das Sortiment ankündigt. Erstes Niveau: Damenröcke und Deleuze! Zweites Niveau: Elektrogeräte und Derrida!»

Aber nirgends ist *mit Niveau* schöner als auf der Website von ElitePartner: *Partnersuche für Akademiker mit Niveau*. Doktortitel und Professor, schön und gut, aber der Adelstitel der sozialen Auszeichnung kommt mit *mit Niveau*: Frau Professor Doktor von und zu *mit Niveau* sucht Mann auf gleicher Etage. Und das heißt: Er hilft ihr in den Mantel, vielleicht wagt er auch einen Handkuss ... Dem Weihnachtsoratorium lauscht man Hand in Hand im Dom, bevor man zur Studienreise aufbricht, um Palladios Villen zu besichtigen. *Mit Niveau* schützt vor dem gesellschaftlichen Abstieg und garantiert eine gewisse Symmetrie. So läuft die Professorin in Kunstgeschichte, mit

Spezialgebiet Florenz des Quattrocento, nicht Gefahr, sich in den Automechaniker, Spezialgebiet Getriebe, zu vergucken!

Aber bei ElitePartner ist etwas schiefgegangen. Die Firma bietet Flirtseminare *mit Niveau* an und dazu «Fünf Tipps: Wie man eine Frau rumkriegt». Rumkriegt? Ist das nicht unter Niveau? Wenn man Niveau hat, macht man den Hof, man verführt. Man schickt kultivierte Briefe, natürlich handgeschrieben, man lädt zu einem Sonntagsspaziergang in den Englischen Garten oder zu einem Candlelight-Dinner ein. Manchmal wartet man auch und wartet. Oder man leidet. Ich versuche mir die Aspiranten von ElitePartner im Bett vorzustellen. Geht Sex *mit Niveau*? Die Partner liegen in der obersten Etage, aber die Lust, die rutscht in den Keller.

In meinem Land führt *das Niveau* eine weniger auffällige Existenz. In der Schule ist es das bevorzugte Messinstrument. Ein Schüler hat *le niveau* oder er hat es nicht. Dieses *Niveau* wird mit Noten, Kurven und Diagrammen gemessen. Die Ergebnisse des Bac, des Abis, bestimmen das *Niveau* einer Schule. Fleißige Schüler lesen immer noch in ihren Zeugnissen neben guten Zensuren die Bemerkung: «Hat das Niveau, könnte es aber besser machen.» Ich träume von einem «Bravo, du hast dich im letzten Jahr enorm verbessert!» oder «Dein Fleiß hat sich gelohnt. Ich bin stolz auf dich!». Stattdessen: Was ich noch alles tun muss, um auf die höhere Etage zu kommen.

In den bürgerlichen Familien meiner Generation waren Comics streng verboten. Nur die Klassiker, die «richtigen» Bücher, durften wir lesen. Die Eltern befürchteten eine *Nivellierung* nach unten: zu viel U, nicht genug E. Kein Gedanke daran, dass Comics die Hintertür zur Literatur öffnen könnten, dass man sich durch das U in das E schleichen könnte. Dabei ist das U so viel spannender. Aber die Erwachsenen konnten das nicht sehen. Ergebnis: U lag unter der Bettdecke, E auf dem Nachttisch. Wie viele Comics haben wir mit der Taschenlampe verschlungen! Sind die wilden Gassen der U-Kultur nicht viel aufregender als die gepflegten Alleen der E-Kultur? Und hört der Spaß nicht da auf, wo Bücher «anspruchsvoll» werden? Denn genau da, im Halbdunkel unter der Bettdecke, fängt die wahre Lust an.

Was ist das?

Wer über die deutsch-französische Grenze geht, trifft auf rätselhafte Dinge. Was ist das?, fragen sich die Deutschen, wenn sie in ein französisches Badezimmer treten: ein kleines Porzellanbecken mit einem Wasserhahn, zwischen Toilette und Badewanne. Niemand weiß, wofür es da ist. Als Kind ging es mir genauso. Ich fragte hartnäckig nach. «Für die kleine Wäsche zwischendurch», sagte meine Mutter. «Als Trinknapf für den Hund», erklärte meine Tante, Besitzerin eines hysterischen Pudels. An Weihnachten drehte mein Onkel den Kaltwasserhahn auf und kühlte seine Champagnerflaschen in dem Becken. Unser Nachbar hatte das kleine Badmöbel zu einem Blumenkasten umfunktioniert. Dank der grünen Pflanzen, die aus der weißen Schale sprossen, hatte er einen tropischen Garten zu Hause. Meine Großmutter besaß eine bezaubernde kleine Porzellanwanne, nierenförmig auf vier zarten Mahagonifüßen. Im Sommer ließ ich meine Schildkröten darin baden. Mein Bruder ließ seine Boote in diesem künstlichen Teich segeln. Heimlich pinkelte er einen Triumphbogen hinein.

Seitdem ich in Deutschland bin, sammle ich weitere Theorien. «Zum Füßewaschen!», vermuten die einen. «Nein, zum

Haarewaschen!», schlug jemand vor, der vor Verrenkungen keine Angst hat. «Um den Putzlappen beim Bodenwischen auszuspülen», meinte eine Freundin zu wissen. «In Bordellen gibt es das», so die widerwillige Auskunft eines jungen Mannes.

Als Kind fühlte ich ganz deutlich, dass sich hinter den ausweichenden Antworten der Erwachsenen ein Geheimnis verbarg. Bis eines Tages ein Mädchen aus meiner Klasse den Gegenstand beim Namen nannte und mich aufklärte: «Das Bidet ist dazu da, damit man keine Babys bekommt!» Ich war sprachlos. Als ich nach Hause kam, konfrontierte ich meine Mutter damit. Und sie erzählte mir die Wahrheit.

Damit war das Thema Bidet für mich erledigt – bis ich Jahrzehnte später ein Sanitärgeschäft in Berlin betrat. Mein Badezimmer musste renoviert werden. Zwischen den porzellanweißen Waschbecken, den gekachelten Duschen und den Edelstahlarmaturen stand ganz einsam ein kleines Bidet. «Die meisten Leute wollen nicht auf die Funktion des Bidets angesprochen werden», sagte der Verkäufer. «Sie sind verkrampft. Sie reden um den heißen Brei herum. Man muss sie geschickt an das Bidet heranführen. Die Schwulen und Lesben sind da offener.» Er berichtete auch von Kunden, die sich ein Bidet gönnen, um den Duft der großen weiten Welt in ihr deutsches Marmorbad zu bringen. Und dann gebe es Leute, die sich ein Bidet ins Haus holen, weil schon im französischen Namen die Freuden der Liebe mitschwingen, wie bei den Begriffen «Pariser» oder «Bordell». Noch heute habe das Bidet aber für die meisten etwas Anstößiges. Es erzähle vom Körper, seinen schlechten Gerüchen, von Blut, Sperma, Urin und Exkrementen. Es erinnere an Sex und Hygiene. Das Bidet sei das letzte Sammelbecken der Prüderie. Ein kleines Badezimmermöbel, nach wie vor skandalös.

Die Hemmungen um das Bidet reichen weit zurück. Der französische Historiker Roger-Henri Guerrand, der eine ebenso gelehrte wie geistreiche Studie darüber verfasst hat, weist darauf hin, dass über Jahrhunderte kein Wörterbuch, kein Lexikon, sogar kein medizinisches Fachbuch das Risiko auf sich nahm, die Funktion des Bidets eindeutig zu definieren. Ganz nebenbei werde das Waschen der «Schamteile» erwähnt, die «diskrete Reinigung» des «Körperansatzes» empfohlen. Ausgerechnet eine deutsche Frauenärztin namens Anna Fischer-Dückelmann, ausgestattet mit drei Kindern und einer scharfen Zunge, wagte es 1901, das Tabu zu brechen und den Gebrauch des Bidets zu empfehlen. «Die Ebenbürtigkeit des Weibes», schrieb sie, «ist der Schlüssel zu einem neuen Liebeshimmel.» Dazu gehörte das Bidet.

Das Bidet erblickt das Licht der Welt im Frankreich des 18. Jahrhunderts, zusammen mit der Aufklärung. Die Tischler des Faubourg Saint-Antoine in Paris schaffen ein neues Möbelstück für die vornehmen Damen. Madame de Pompadour und Madame du Barry, die Mätressen von König Ludwig XV., und auch Sisi, Kaiserin von Österreich-Ungarn, besitzen eine Sammlung luxuriöser Bidets. Aus indischem Holz oder Amaranth, vergoldet oder auf chinesische Art lackiert, mit geschnitzten Blumen oder Schmetterlingen, mit dem Familienwappen, und natürlich auch eine Wanne aus Gold oder Silber. Das Bidet ist Zeuge einer gelebten Sinnlichkeit. Man nennt es die «Vertrauten der Damen».

Das 19. Jahrhundert dagegen deutet mit dem Zeigefinger auf den Begleiter der Lust. Das Bidet wird zum «kleinen namenlosen Möbelstück» und muss sich in Badezimmerschränken und hinter Paravents verstecken. Es rutscht von der Beletage in die Gosse. Es steht in jedem Bordell. Dort waschen sich die Prostituierten mit Hilfe einer Spritze. Damals war das die «Pille danach». Das Bidet kämpft auch gegen die «Fußtritte der Venus», die Geschlechtskrankheiten. Es wird zur Muse der pornographischen Literatur. Das *Erotische Wörterbuch* von 1864 spricht vom «Pferdchen, auf dem die Frauen ins Glück reiten». Casanova, der Marquis de Sade und Colette besingen es. Im Straßen-Französisch nennt man seinen Feind «Bidet-Spülwasser», einen Zuhälter «Bidet-Ritter». Lange Zeit verbietet der Beichtvater den ehrbaren Frauen den Gebrauch dieses satanischen Objekts. Sie brauchen die postkoitale Toilette nicht. Sie sind ja enthaltsam. In den Klosterschulen warnen die Nonnen vor den «Gefahren des Handgebrauchs». Wenn reine Mädchen warmes Wasser über ihr Geschlecht strömen lassen, laufen sie Gefahr, ungewollt einsame Freuden zu entdecken.

Kein Wunder, dass sich das Bidet mit so einem schlechten Ruf nur sehr langsam in den Badezimmern der Familienmütter etabliert. Erst Anfang des 20. Jahrhunderts wird das Bidet endlich legitim. In jedem französischen Badezimmer herrscht jetzt eine Ménage-à-trois: WC, Badewanne, Bidet. Der schweizerisch-französische Architekt Le Corbusier baut es in seine Sozialwohnungen ein. Zuerst gehörte das Bidet dem Adel, dann den Nutten und nun endlich dem Volk. Seine Dienste werden anerkannt: Sitzbad für junge Wöchnerinnen und alte Inkontinente, Vorbeugung gegen Harnwegsinfektionen und Hämorrhoiden, Schutz der Bäume, die nicht zu Klopapier werden. Das neue Bidet ohne Schnickschnack bringt uns nicht mehr zum Träumen. Aber seine besten Tage hat es vielleicht hinter sich. Wirksame Verhütungsmittel, tägliche Dusche und die Konkurrenz der Waschmaschine im engen Badezimmer räumen ihm nur geringe Überlebenschancen ein.

Und jetzt machen wir die Reise andersrum. Was ist das?, fragen sich die Franzosen, wenn sie eine deutsche Küche betreten: Neben der Spüle sind sechs kleine Bretter aufeinandergestapelt. Diese einfachen Holzbrettchen sind ein Schlüssel zur kollektiven Identität des Volkes, das sie benutzt.

Das Brettchen ersetzt den Teller beim Abendbrot. Aber es tut auch viel mehr. Das Brettchen ist holzgewordener Ausdruck der Gemütlichkeit. Wer es benutzt, der sagt: Bei uns geht's rustikal zu. Keine Umstände, Ellbogen auf dem Tisch. Außerdem sind Brettchen auch praktisch: Die Teller bleiben sauber, das gute Porzellan wird nicht zerkratzt, wenn man die Wurst darauf schneidet. Wir haben es mit einem Volk von Schreinern zu tun. Das Brettchen ist eine kleine Hobelbank für Heimwerker. Der eine zersägt darauf die Wurst und hobelt den Bergkäse, der andere ziseliert die Gurke und zerlegt die Silberzwiebel in feinste Teile. So bastelt jeder vor sich hin. Jedes Brot ein Meisterstück.

In Bottrop gibt es das Deutsche Brettchen-Museum. Das habe ich nicht erfunden. Ganze Dynastien von Brettchen sind hier zu bewundern: Brettchen aus Resopal nach Art der Siebziger. Brettchen mit Gemüse-Deko, mit Donald Duck, Dinosauriern, Hagebutten. Es gibt Brettchen mit Clowns und Luftballons, mit Uhren und Zahlen.

Ich finde es seltsam, dass die Deutschen jeden Abend in ihrer Küche picknicken. Auf unserer Seite des Rheins bekommt man die belegten Brote mit Salami und Gürkchen nur zu sehen, wenn sie im Sommer auf einer großen Wiese aus dem Rucksack gezogen werden. Die übrige Zeit essen wir warm. Warm, was sonst?

Abends – kalt oder warm? Diesen Kulturkampf kenne ich seit meiner Kindheit. Wenn meine Mutter keine Lust hatte, zweimal am Tag zu kochen, hisste sie die weiße Fahne. Die Küche kapitulierte. Wir holten Käse und Weißbrot, ein paar Tomaten, etwas Aufschnitt. Zum Nachtisch Obst. Wir picknickten rund um einen Tisch, der mit einem gebügelten Tischtuch bedeckt war. Selbstverständlich hatte jeder einen Porzellanteller vor sich, Besteck und eine weiße Stoffserviette. Niemals schaffte es ein Brettchen über die Schwelle unseres Esszimmers. Es blieb in der Küche zum Schneiden von Zwiebeln. Diese seltsame Mahlzeit nannte meine Mutter «*un repas suisse*», «ein Schweizer Essen». Für uns war es eine Strafe. Wir gingen hungrig ins Bett. Für sie war es eine Befreiung. So konnte sie schnell zu ihrem dicken Roman zurück.

Jahre später tauchte «*le repas suisse*» in meinem Leben erneut auf. Diesmal in Deutschland, bei einem Elternabend in der Grundschule meiner Kinder. Wir Eltern hockten im Kreis, das Kinn auf den Knien, auf den winzigen Stühlen unserer Kinder. Die Lehrerin hatte uns gerade den Lehrplan der kommenden Wochen vorgestellt: Subtraktion, Grammatik, Bodenturnen. Haben Sie noch Fragen?

Das war, bevor es in Berlin endlich Schulkantinen gab. In Frankreich bekommt jedes Schulkind ein Drei-Gänge-Menü zum Mittag, und das seit Generationen.

Ich meldete mich: «Und wann gibt's Mittagessen?»

«Mittagessen?» Die Lehrerin war so perplex, dass sie meine Frage wiederholte.

Frau Schultz, Mutter von Marvin, mischte sich ein. Sie saß rittlings auf dem Stuhl ihres Sohns: «Aber die Kinder haben doch ihre Stullen!»

Ich sah Frau Schultz vor mir: Im Bademantel schneidet sie auf ihrem Brettchen Käse und Gürkchen für Marvins Pumpernickel. Zwischen uns tat sich ein Abgrund auf.

Das Brettchen verfolgte mich, als mein älterer Sohn in eine deutsch-französische Oberschule kam. Diesmal passten die Stühle. Aber den Abgrund wurden wir nicht los. Auf der einen Seite saßen die französischen Eltern, auf der anderen die deutschen. Der Mathematiklehrer, ein Deutscher, erklärte uns den Stundenplan: zwei Stunden Bio, zwei Stunden Englisch, zwei Stunden Geschichte, zwei Stunden Französisch und zum Abschluss eine Stunde Mathe.

«Und das Mittagessen?», rief ein französischer Vater. «Ja, das Mittagessen. Wann sollen die Kinder essen?» Der Vater schien zu kochen, aber mehr aus Wut.

Der Mathelehrer erklärte: Der Stundenplan sei eine komplizierte Sache und «die Mathematik» ein wichtiges Fach. Außerdem sei nächstes Jahr Abitur. Für ein Mittagessen sei keine Zeit. Die Schüler sollten doch eine Stulle mitbringen.

«Und sie dann in fünf Minuten im Stehen essen!», sagte der aufgebrachte Franzose.

«Eine andere Möglichkeit gibt es nicht, Monsieur. Oder wollen Sie etwa, dass Ihr Sohn vom Mathe-Unterricht befreit wird, damit er in Ruhe essen kann?» Nicken auf der deutschen Seite des Abgrunds.

Der Vater erhob sich. «Das Mittagessen, Herr Müller, ist wichtiger als die Mathematik!» Applaus auf der französischen Seite.

Was für eine Erleichterung, als mein zweiter Sohn in das Lycée Français de Berlin eingeschult wurde. Jeden Tag eine Dreiviertelstunde Mittagspause. Im Erdgeschoss eine Kantine. Die Eltern zufrieden. Die Kinder satt. Aber montags kam der zweisprachige Speiseplan per E-Mail und als Anhang die alten kulturellen Unterschiede.

Montag. Schokoladenpudding mit Soße. Auf Französisch:

pudding et coulis. Coulis? Wer will schon eine gewöhnliche Soße auf seinem Pudding, wenn er ein *coulis* haben kann? So schnell wird aus einer Schulkantine ein Gourmetrestaurant.

Dienstag. Linseneintopf. Ein Gericht aus der Betriebskantine. Bei den Franzosen gibt's *potée de lentilles*. Sie wird mit frischen Kräutern gewürzt, Thymian, Majoran, und schon riecht die Schulmensa nach Sommer in der Provence.

Mittwoch. Der Nachtisch ließ mich erzittern: «Wackelpudding». Pudding à la Veitstanz? Pudding Parkinson? Die Übersetzer hatten sich erlaubt, das Hindernis einfach zu überspringen. Auf der französischen Seite stand einfach Pudding, ohne Wackeln.

Donnerstag. Kaisergemüse mit Béchamelsoße. Welch wunderbare Vermählung zwischen einem deutschen Kaiser und der Königin der französischen Saucen!

Freitag. Pudding mit Klecks. Klecks? Das hört sich an wie Schluckauf. Dieses Wort zeigt, wie wunderbar handfest und witzig das Deutsche sein kann. Klecks lässt einen kleinen Film ablaufen: Die Köchin nimmt die große Kelle und – Klecks – klatscht ein nicht identifizierbares Häufchen auf die glatte Oberfläche des Puddings. In der Warteschlange strahlen die Augen der Kinder. Übersetzung überflüssig.

Ich sage mir oft, dass es einem Land nicht so schlecht gehen kann, wenn es die Mahlzeiten einhält. So schlimm kann die Krise in Frankreich nicht sein. Auch wenn immer mehr Franzosen am Schreibtisch einen Salat aus einer Styroporverpackung essen – das Mittagessen bleibt eine Institution. Hier lösen sich die Zungen. Hier werden Geschäfte abgeschlossen und Ideen entwickelt.

In Deutschland habe ich das anders erlebt. Oft schlage ich einem Interviewpartner vor, gemeinsam essen zu gehen. Stattdessen sitzen wir in seinem Arbeitszimmer bei einem Glas Wasser. «So verlieren wir nicht so viel Zeit», sagt er und deutet auf einen Stuhl vor dem Schreibtisch. Er wundert sich: «Ein volles Menü, dazu Wein und dann einen doppelten Espresso ... Wie schaffen es die Franzosen, danach wieder zu arbeiten?» Aber es gibt auch Ausnahmen. Der Sozialdemokrat Peter Glotz nahm einst meine Einladung an. Wir trafen uns bei einem Italiener in Bonn. Kaum hatten wir bestellt, fing er an zu reden. Eine Stunde lang schrieb ich mit wie eine Wilde, ohne meine Pasta anrühren zu können. Danach ging ich sofort nach Hause, um in der Küche eine Stulle vom Brettchen zu essen.

Grüße aus
der Vergangenheit

Um Punkt zwölf Uhr am ersten Mittwoch im Monat heult in Frankreich der Zweite Weltkrieg. Zwei Zyklen von je einer Minute. An diesem Tag werden die Sirenen im ganzen Land gleichzeitig getestet. Schon sehr lange kündigen sie keinen deutschen Luftangriff mehr an. Heute drohen uns andere Gefahren: Überschwemmung, Feuer, Explosion in einer Fabrik, Leck in einem Staudamm, Terroranschlag. Das nationale Warnsystem ist eine Erbschaft des Zweiten Weltkriegs, eine schlechte Erinnerung, die man lieber vergessen will.

Damals kam die Gefahr aus dem Osten. Deshalb sind die Sirenen im Elsass besonders pflichtbewusst. In meiner Kindheit unterbrach der lange Klageton das Mittagessen. Meine Eltern und Großeltern erstarrten auf ihren Stühlen, als ob ein Gespenst den Kopf durch die Tür gesteckt hätte. Das Gespräch brach ab. Wir warteten darauf, dass die Gefahr vorüberging. Danach fragten die Kinder: Wie war das im Krieg? Erzählt! Mein Vater beschrieb uns die langen Stunden im Keller in Tours, wo er damals lebte. Die Wände bebten. Die Hausbewohner saßen im Dunkeln. Sie versuchten die Kinder mit Kartenspielen abzulenken. Am Ende der Straße war der Bahnhof.

Ein strategisches Ziel. Draußen krachte es. Der Himmel leuchtete, obwohl es Nacht war. Man Vater sagte: «Wir versuchten zu erkennen, wo die Bomben einschlugen. Wir warteten auf die Stille und das Ende des Alarms. Und der Schock, als wir aus dem Keller kamen: die Rue Michelet zerstört! Die ganze Straße, nur unser Haus nicht. Denk nur mal, was für ein Glück wir hatten!»
Ich war hin- und hergerissen zwischen Entsetzen und Freude. Ich liebte diese Geschichten. Sie brachten Spannung in die brave deutsch-französische Aussöhnung. Das Obligatorische kennen wir: Kriegsdenkmal, Militärfriedhof, Gedenktafeln, die Rede des Präsidenten am 8. Mai ... Aber nichts bringt uns den Krieg näher als die Sirene am Mittwoch.

Wir glauben, hier und jetzt zu leben. Wir stehen mit beiden Füßen in der Welt, die uns umgibt. Ja, wir leben mittendrin! Die Vergangenheit ist vergangen. Doch was für ein Irrtum. Auch die Deutschen sind den Krieg nicht los. Sie ahnen nicht, was sich unter ihren Fußgängerzonen, ihren Parks, ihren Begonienrabatten im Frühling, unter dem Rasen in ihren Gärten und den Straßen ihrer dichtbevölkerten Städte verbirgt. Bis die Zähne eines Baggers bei Kanal- oder Schachtarbeiten für ein neues Gebäude plötzlich und rein zufällig in einen harten Gegenstand beißen. Nein, das sind keine Keramikscherben, auch kein Haufen Knochen oder eine alte Hitlerbüste, die jemand schnell verbuddelt hat. Der Baggerfahrer steigt aus seiner Kabine ab und entdeckt eine große rostige Knolle, mit Erde bedeckt. Eine Fliegerbombe. 500 Kilogramm Sprengstoff in einer Baugrube. Seit mehr als siebzig Jahren schlummert der Blindgänger in der Erde. Und das Schlimmste: Er hat seine Mission noch nicht erfüllt. Nach dem Krieg hatte man es sehr eilig. Wohnungen für so viele Menschen. Alles neu gebaut. Die Behörden nahmen sich nicht die Zeit, den Boden der bombardierten Städte systematisch zu durchsuchen und zu säubern. Schnell wurden die vergangenen Spuren zugepflastert. Ganz gleich, ob Straßen, Parks oder Supermärkte, man wollte den Krieg vergessen.

Auf Berlin, Hamburg, Köln, Kassel, Mainz und die Industriegebiete an Ruhr und Rhein kippten die Briten und die Amerikaner 1,4 Millionen Tonnen von einem Cocktail, der aus Phosphor-, Brand- und Sprengbomben bestand. Nachdem sie ihre Aufgabe erledigt hatten, kehrten die alliierten Piloten nach Hause zurück. Aber diese Bombe blieb liegen. Sie explodierte nicht. Weil der Boden hier zu weich war? Wegen eines technischen Defekts am Langzeitzünder? Er sollte die Detonation um einige Tage verzögern, bis die Zivilbevölkerung wieder aus den Bunkern und Kellern gekrochen war. Stattdessen wartete der Mechanismus des Sprengkörpers Jahrzehnte, um eine Explosion auszulösen. Keiner wusste, wann.

Noch heute ist der Boden voller Bomben, und das Leben geht weiter. Manchmal explodiert ein Blindgänger und tötet Menschen. Regelmäßig wird der Verkehr umgeleitet, ganze Stadtviertel werden evakuiert, Zehntausende Anwohner müssen ihre Wohnungen verlassen, bis die Gefahr vorbei ist. Die Sprengmeister des Kampfmittelräumdiensts (jemand sollte dieses Silbenmonstrum einmal sprengen!) eilen herbei, um eine Bombe zu entschärfen. Wenn sie es nicht schaffen, wird die Bombe gesprengt. Dann hält das ganze Viertel die Luft an. Die Fenster zerspringen. Der Eindringling hinterlässt einen Krater im Boden und bei den Anwohnern Schrecken. Was hätte alles passieren können!

Wer weiß schon, worauf wir jeden Tag treten, sobald wir aus dem Haus gehen. Ich frage mich, was sich unter der Fahrschule, der Eisdiele und dem Supermarkt versteckt. Schichten der Vergangenheit liegen übereinander. Wir leben auf der sehr dünnen obersten Membran. Welche tödlichen Gefahren lauern in der Erde, nur ein paar Meter von uns entfernt? Nicht nur die Paranoiden unter uns ahnen die Bedrohung unter dem Dekor eines gewöhnlichen Alltags.

Manchmal werden bei Bauarbeiten auch Gebeine von Soldaten und Zivilisten entdeckt. Da, wo man sie am wenigsten erwartet hatte: kürzlich auf einem Parkplatz in Polen, unter der Bühne in einem Park, neben Eisenbahnschienen. Wenn sie keine Erkennungsmarke tragen, kann man die Skelette nicht identifizieren. Dann werden die Knochen zusammengetragen, in kleine Särge gebettet und noch einmal begraben, in angemessener Form auf einem Sammelfriedhof. Die Blindgänger sterben nicht an Erschöpfung. Sie bleiben aktiv. Und werden eines Tages mitten in unserem Leben explodieren. Erst über mehrere Generationen hinweg können sie alle beseitigt werden. Einzig die Luftkarten in den Militärarchiven der Alliierten erlauben uns, die Bomben zu lokalisieren. Wenn unsere Eltern und Großeltern nicht mehr da sind, bleiben nur noch die Blindgänger und die Mittwochssirenen als letzte Kriegszeugen. Ein gruseliger Gruß aus ferner Vergangenheit.

Das Botox-Schloss

Kein Wort mehr übers Schloss! Nicht zum ersten Mal ermahnt mich mein Gastgeber, bevor wir uns zum Abendessen setzen. Das Berliner Stadtschloss explodiert immer noch wie ein Knallfrosch mitten im kultivierten Smalltalk, eine Garantie, dass der Abend schiefgeht – zwischen Lammbraten und Roter Grütze werden die Gäste sich zerfleischen. Auf der einen Seite die Enthusiasten: Sie wollen, dass die Hauptstadt das zentrale Element ihrer historischen Mitte und damit ihre Schönheit zurückbekommt. Auf der anderen die Empörten: Sie verurteilen die Sehnsucht nach der Monarchie und die Absurdität dieser überteuerten Fälschung, mit der Touristen getäuscht werden sollen. Nach der roten Grütze geht dann jeder mit Wut im Bauch nach Hause. Unter diesen Umständen sollte man dem Thema wirklich lieber aus dem Weg gehen, oder?

Ein seltsames Verbot bleibt es trotzdem: Für uns Ausländer verkörpert der Wiederaufbau der preußischen Residenz das verkrampfte Verhältnis der Deutschen zu ihrer Geschichte.

Als ich einmal nachts in Gedanken versunken vom Prenzlauer Berg nach Haus fuhr, im Radio melancholischer Jazz, musste ich schreien. Berlin verwandelt sich ständig: Manchmal erkennt man schon in der nächsten Woche eine bekannte Ecke nicht mehr.

Seit Monaten war ich nicht mehr Unter den Linden gewesen. Und jetzt quoll aus dem Halbdunkel eine hohe graue Masse. Sie hatte sich schon bis zum Bordsteinrand vorgearbeitet. Eine von Fenstern durchlöcherte Betonmauer. Der gewölbte Schatten einer Kuppel. Hier rutschte mir das verbotene Wort raus: das Schloss!

Weil ich nicht davon sprechen durfte, existierte es für mich nicht. Das Stadtschloss? Ein Thema wie maßgeschneidert für die Deutschen. Jahrelang streiten sie sich über Projekte, die zum Schluss doch nicht gebaut werden. Und nun zeichneten sich vor mir Mauern ab.

Ich parkte, um mir die Sache näher anzusehen. Am Wochenende war ich in Venedig gewesen. Mir standen noch die Palazzi vor Augen, die von den Jahrhunderten verwaschenen Steine, die Säle mit ihren hohen Decken und ihrem Geruch nach Staub, Feuchtigkeit, Bohnerwachs, Weihrauch, nach Geschichte eben – und hier in Berlin? Es riecht nach frischem Beton und dreister Fälschung.

Der Wiederaufbau sorgte für Ärger, aber auch für surreale Momente. Weil es zu teuer wurde, schlug der Verkehrsminister, ein Bayer, vor: Man könne die Kosten doch ganz einfach begrenzen, man müsse nur die barocke Kuppel weglassen. Das gesparte Geld würde für «zehn Ortsumgehungen» oder «acht Kilometer vierspurige Autobahn» reichen. Nur: Das Schloss ohne Kuppel ist wie der Eiffelturm ohne Spitze oder die Houses of Parliament ohne Big Ben.

Dieses Land, Deutschland, nach dem Krieg ein einziges riesiges Ruinenfeld, will sich unbedingt eine Vergangenheit basteln. Zum Beispiel der Römer in Frankfurt, das Neue Schloss in Stuttgart oder die Frauenkirche in Dresden, lauter perfekte Kopien. Auf die Decken des neuen Berliner Hotels Adlon wurden winzige Risse gemalt, um Patina vorzutäuschen. Und das Management kaufte im Antiquariat meterweise ledergebundene Bände für die Bibliothek.

Wie krampfhaft versuchen Stadtplaner Fußgängerzonen mit Jugendstillampen einen Hauch Nostalgie zu geben! Auf ihren Fassaden spielt Berlin Glanz und Gloria der Kaiserzeit. Seit ein paar Jahren schmückt die Stadt sich mit Säulenreihen, klassizistischen Linien, hellen Farben. «Eine echte Renaissance», versprechen die Exposés der Makler. Schluss mit den seelenlosen grauen Wohnblöcken, in den fünfziger Jahren hastig errichtet. Sie werden abgerissen und nicht durch ein Wohnhaus ersetzt, sondern durch ein *Palais*. «Die Historie modern interpretieren», verkündet der Werbeprospekt für ein «Stadtpalais am Ku'damm». In dieser großen, dieser armen Stadt wirken sie fehl am Platz.

«Hier sind wir Gefangene des 19. Jahrhunderts», beklagte sich der britische Architekt Richard Rogers, als Berlin gleich nach der Wiedervereinigung mit dem Wiederaufbau begann. Er machte sich darüber lustig, wie in dieser Stadt lieber die Vergangenheit nachgebaut als etwas Neues gewagt wird. Die Kopien sind so perfekt, dass sie vom Original oft nicht zu unterscheiden sind. Das vollkommene Plagiat.

Erst nach mehreren Besuchen ist mir klargeworden, dass die Fachwerkhäuser aus dem 15. Jahrhundert am Frankfurter Römer eigentlich aus dem späten 20. Jahrhundert stammen: In der Bombennacht des 22. März 1944 wurden sie zerstört und in den Achtzigern originalgetreu wieder aufgebaut. Auch das Neue Schloss in Stuttgart sehe ich heute mit anderen Augen.

Noch ein Plagiat. In der Diskussion über die Ruine wurden nach dem Krieg die gleichen Argumente vorgebracht wie viele Jahre später beim Hohenzollernschloss in Berlin. Pro: Dieser Teil des alten Stadtbilds muss wieder aufgebaut werden, koste es, was es wolle. Kontra: Als Symbol des Absolutismus passt es nicht in eine Demokratie. Hat Deutschland nicht aufgehört, sich im Kreis zu drehen? Und hätte ich in der Wendezeit nicht die ergreifende Ruine der Frauenkirche mit eigenen Augen gesehen, würde ich heute sicher keine Minute daran zweifeln, dass diese Kirche schon immer da stand. Nur seltsam, dass sie keine Altersfalte hat. Für mich war die DDR-Ruine eine bessere Zeugin der Geschichte Dresdens als die Botox-Version.

In ihrem Spandauer Atelier besuchte ich die Bildhauer, die mit Hilfe alter Fotos die Statuen für das Berliner Stadtschloss nachbauen. Wir redeten miteinander, aber verstanden uns nicht. «Perfekte Kopien, das schon, aber falsch sind sie trotzdem», sagte ich. Die Bildhauer schworen: «Nein, nein, das sind echte Kopien!» Wörter wie «stilecht», «Nachahmung», «Replik» oder «Plagiat» flogen durch den Raum. Keine Chance, dass wir uns einigten. «Ist doch wurscht», griff der Vorarbeiter ein. Er war schlechter Laune und wollte diesen semantischen Streit beenden: «In ein paar Jahren wird es genauso wie mit dem Römer sein: Für die jungen Leute ist das Stadtschloss einfach ein uraltes Gebäude. Punkt, aus!» Ich war baff.

Kein Amerikaner wäre auf die Idee gekommen, in New York die beiden World-Trade-Center-Türme wieder nachzubilden. Man wusste: Da muss etwas Neues hin. Seit langem frage ich mich: Warum klammert sich Deutschland an seine Vergangenheit? Warum nicht neue Architektur wagen? Warum all diese Attrappen?

Eine Frau, mit der ich vor dem Stadtschloss ins Gespräch

kam, lieferte mir die Erklärung. Ich erzählte ihr von meiner Skepsis. Ich spottete über den Kitsch dieser Unternehmung. Sie unterbrach mich: «Und wenn jemand Versailles zerstört hätte? Würden Sie dann nicht auch darüber nachdenken, ob Sie dieses Symbol der französischen Geschichte Stein für Stein wieder aufbauen sollen?» Die Antwort auf diese brutale Frage ist mir im Hals steckengeblieben. Zuerst fielen mir politisch korrekte Argumente ein: Das Prachtschloss der Monarchie im Land der Revolution wieder aufbauen? Ausgeschlossen! Ein Vermögen ausgeben, wenn es für soziale Projekte gebraucht wird? *Jamais!* Aber dann kam mir etwas ganz anderes in den Sinn. Wenn man aus Frankreich, England oder Italien stammt, hat man gut reden. Weder Paris noch Rom sind zerstört worden. London lebt weiterhin in seinem ursprünglichen Stadtbild. Man kann auf stilistische Kunstgriffe verzichten. Diese Städte sind ihre Vergangenheit. In Paris gibt es 1800 denkmalgeschützte Gebäude. Mehr, als man unterhalten kann. Ganz anders die deutschen Städte.

Wir Franzosen leben in Städten, die im Krieg nicht verwüstet wurden. Deshalb begreifen wir die schwärmerische Verehrung, diese Begeisterung für das Remake nicht. Versailles ist nie zerstört worden. Eine Fassadenauffrischung, einige kleine Reparaturen, das schon, aber jeder Stein ist noch an seinem Platz. Nur wenige französische Städte sind bombardiert und nach dem Krieg abgerissen worden. Welcher Schock, wenn man nach Ulm reist oder, noch schlimmer, nach Kassel oder Braunschweig.

Jedes Mal, wenn ich nach Straßburg zurückkehre und die Turmspitze des Münsters sehe, die den Himmel über der Rheinebene zerschneidet, habe ich Tränen in den Augen. Es hat sich nichts verändert. Ich bin wieder im Zuhause meiner

Kindheit, in der Lebenswelt meiner Großeltern und Urgroßeltern. Das Münster ist immer da, diese ruhige Ewigkeit aus rosa Sandstein.

Man muss versuchen, sich in die Deutschen hineinzuversetzen: Am Morgen kriechen sie aus dem Keller und entdecken, dass ihr Schloss von den Alliierten bombardiert worden ist. Ein paar Jahre später wird die Ruine von einem Ideologen in die Luft gesprengt, der jede Erinnerung an Preußen ausradieren will. Statt Schloss ein Aufmarschplatz für die kommunistischen Paraden, ein Abklatsch des Roten Platzes in Moskau. 1976 weiht Erich Honecker auf dem Gelände des Schlosses den Palast der Republik ein. Der neue Sitz der Volkskammer ist ein Koloss aus Stahl und Rauchglas. Und nach der Wiedervereinigung wird auch dieser Palast abgerissen. Man kann diesen Traum verstehen: in einer Zeitmaschine zurückzureisen und alles wieder wie vorher aufzubauen. Als wäre nichts gewesen.

Indem die Bauten plattgemacht oder Stein um Stein erneut aufgebaut werden, erhofft man sich Erlösung. Sprechen wir also vom Schloss! Natürlich kann man das asbestverseuchte Skelett des Palasts der Republik abreißen, um die Schatten der DDR zu beseitigen, technische Großtaten zu vollbringen, eine solide Finanzierung auf die Beine zu stellen und eine perfekte Täuschung zu erschaffen – aber letzten Endes kommt nur eine Schimäre dabei heraus. Die schönste Kopie der Welt wird den Schmerz des Verlusts nicht lindern können.

Die Kantinen der Macht

Da ist es also, das Restaurant des Senats, in das ich es bislang nie geschafft habe hineinzukommen. Auf dem Plan macht der Saaldiener ein Kreuz auf einem rechteckigen Raum. Die Fenster öffnen sich zur Rue de Vaugirard. Das Einzige, was ich über diesen rätselhaften Ort wirklich weiß, beschränkt sich auf dieses handgezeichnete Kreuz. Der Rest ist eine dicke Wolke mehr oder weniger glaubwürdiger, manchmal wirrer Gerüchte: ein Restaurant mit einer ganzen Schleppe von Sternen. Weiß behandschuhte Lakaien, die synchron die schweren silbernen Hauben lüften und exquisite Gerichte enthüllen. Oberkellner und Sommelier im Geist der Tradition geschult. Einer der besten Weinkeller in ganz Paris. Ein Schwarm Bedienstete mit Rüschenschürzen, die die weißen Damastdecken direkt auf dem Tisch bügeln. Stühle und Gläser wie mit einem Lineal aufgereiht. 12 000 Silberbestecke. Geschirr aus den Manufakturen von Sèvres und Limoges. Blumenschmuck in den Landesfarben des Ehrengasts. Das frischgebohnerte Parkett, das unter den Schritten stöhnt. Ausgewählte Lieferanten direkt von den Markthallen in Rungis. «Der Chef kocht mit französischen Produkten. Kein Zufall, dass diese Gastronomie in das immaterielle Weltkulturerbe der UNESCO aufgenommen wurde», prahlt der Saaldiener.

Es gibt auch Berichte von Delegationen aus der Provinz, die in Paris ihren Senator besucht haben. Zum Beispiel die Gruppe aus dem Burgund. Sie erzählen, wie sie durch das Palais geführt werden. Die Burgunder eilen die Ehrentreppe hinauf, vorbei an den Marmorlöwen auf den Absätzen, vorbei an den Gobelins, die die Wände schmücken. Sie rennen an den Büsten und Porträts großer Männer vorbei: Victor Hugo, Poincaré, Clemenceau, Colbert, Malherbes. Nicht einmal Karl der Große beeindruckt sie. All diese Namen erinnern sie nur an den langweiligen Geschichtsunterricht. Selbst der Plenarsaal lässt sie kalt und ebenso die roten Samtsessel, in denen unzählige Senatorenhintern Dellen geformt haben. Immerhin staunen sie ein wenig, als sie im Salle des Conférences, 650 Quadratmeter Fläche, siebenundfünfzig Meter lang, das Spalier der Reitergarde sehen. Im Ehrengewand stehen sie, mit gespornten Stiefeln, Zweispitz und zum Kinn erhobenem Säbel, mit dem der Sitzungspräsident gegrüßt wird. «Und wo sind ihre Pferde?», fragt der Witzbold vom Dienst. Sie sind bereits völlig ausgehungert, als ihr Führer ihnen die berühmten Gefangenen aufzählt: Danton, Camille Desmoulins, der Maler David, Madame de Beauharnais. Sie alle haben hier gesessen. Während der Revolution diente das Palais als Gefängnis. Nicht einmal die gruseligen Berichte über Terror und Guillotine können die Burgunder von ihrem Hunger ablenken.

«Dieses Gebäude, meine Damen und Herren – vier Jahrhunderte Geschichte, bis heute ohne Unterbrechung!», jubelt der Führer. Die Burgunder unterdrücken ein Gähnen. Ihr eigentliches Reiseziel ist das Senatsrestaurant. Und mit vier Jahrhunderten Geschichte in den Beinen, wie soll man es da noch an den Tisch schaffen! Der Vormittag dehnt sich endlos wie die Flucht von Salons und Fluren. Die Pracht und die Geschichte erschöpfen sie. Kein Millimeter Wand ohne Verzierung, Kunstwerk, vergoldete Ornamente. «Es ist ein bisschen überladen», gesteht eine Gattin und stellt sich den übermenschlichen Kampf gegen den Staub vor. Mit letzter Kraft werfen sie einen Blick an die Kuppeldecke von Delacroix in der Bibliothek. Mit halbem Ohr hören sie, was der Führer ihnen über die Ereignisse im Schlafzimmer der Königin Maria de' Medici erzählt, «der Gemahlin von Heinrich IV., Heinrich IV., jeder Franzose sonntags ein Huhn im Topf, das sagt Ihnen doch bestimmt was, oder?» Jetzt läuft ihnen das Wasser im Mund zusammen. Nach sechs Stunden Busfahrt und zwei Stunden Besichtigung hängt ihnen der Magen in den Kniekehlen. Ob ihnen ein Huhn im Topf etwas sagt? Und ob! Deshalb sind sie doch gekommen. Und außerdem ist es schon Viertel vor zwölf.

Erst als ihnen ein Saaldiener die Geschichte des Weinkellers erzählt, schrecken sie auf. Gebannt hängen sie an seinen Lippen. Während der Besatzung haben die Deutschen sich im Senat einquartiert und ihre technischen Anlagen dort untergebracht. Hier saß der Generalstab der Luftwaffe für die Westfront. Angeblich war der für das Palais zuständige Marschall Abstinenzler. Das erscheint mir eher zweifelhaft, als ich das Foto von Generalfeldmarschall Hugo Sperrle entdecke: Seine Hängebacken sehen aus, als hätten sie wie dicke Schwämme literweise Bier aufgesogen. Vier Jahre lang verwaltete er das Palais mit den Weinkellern. Bedenkt man, dass Sperrles Vater Besitzer einer Brauerei im Schwabenland war, kann man die folgende Geschichte kaum glauben. So jedenfalls die Legende: Der Generalfeldmarschall, Liebhaber der schönen Künste, habe seinen Männern verboten, die Reichtümer des Palais zu plündern. Zum

Ausgleich habe er ihnen den Keller überlassen. «In vier Tagen war alles weggesoffen!», klagt der Saaldiener. Er zitiert einen Brief vom 9. Oktober 1940. Der Senatspräsident protestiert bei Marschall Pétain gegen «die Hemmungslosigkeit, mit der diese Inbesitznahme vonstattenging». Ein betrübtes Schweigen legt sich auf die heiteren Burgunder. Auf den Fotos von damals ist der Boden mit Flaschen übersät. An der Hausfassade hängt die Nazifahne. Eine schlimme Erinnerung. Mir kommt der starke Verdacht, dass die Reisegruppe sich im Innersten fragt, ob es nicht besser gewesen wäre, den Deutschen den Delacroix zu geben und dafür den Saint-Émilion zu retten.

«Aber jetzt ist es Zeit fürs Mittagessen», sagt der Führer. Vergessen sind die deutschen Soldaten, die die wahren Schätze der Republik runterkippten. Es geht ins Restaurant. Was von diesem Besuch bei den Burgundern übrig bleibt, ist ein gutbürgerliches Menu. «Es war ein schöner Tag, freundschaftlich, gesellig und sehr lehrreich, was die Rolle und die Arbeit des Senats betrifft», heuchelt derjenige, der zum Bericht über diesen Ausflug in die Hauptstadt verdonnert wird.

Über das Restaurant des Senats erzählt man sich jedenfalls eine Menge. Vor allem Boshaftes: Die Senatoren schlagen sich auf Staatskosten den Bauch voll! Das von der öffentlichen Hand subventionierte Menü kostet nur 16,45 Euro! Dabei haben sie schon genügend Privilegien! *Wir* zahlen dafür, dass sie den halben Tag beim Essen vertrödeln! Und nicht mal in der Krise kürzt man ihnen die «Mundspesen» (dieses hübsche Wort beschreibt die Kostenerstattung für den Verpflegungsaufwand). Schlemmen auf Spesen ist in unserem Land ein republikanischer Sport! Im Senat speist man immer noch wie zu Balzacs Zeiten! Und dazu ein ordentlicher Schluck! Wie können die nach einer solchen Völlerei überhaupt noch arbeiten?

Der Steuerzahler muss für dieses hochherrschaftliche Leben tüchtig blechen!

Das Restaurant des Senats lässt das Volk grün werden vor Neid. Vielleicht lässt man mich deshalb nicht rein: um dieses hässliche Gefühl nicht weiter zu füttern. In Zeiten des triumphierenden Populismus und der Angriffe auf das politische Establishment macht man sich lieber ganz klein, wenn es ums Essen geht. Umso mehr, als die Privilegien der 348 Senatoren seit langem heftig in Frage gestellt werden. Der frühere Premierminister Lionel Jospin bezeichnete den Senat als «demokratische Anomalie». Manche wollen ihn reformieren. Andere wollen ihn gleich ganz abschaffen.

Es liegt nicht an meinem zu geringen Engagement, wenn ich es nicht ins Restaurant des Senats geschafft habe. Dieser Saal wird gehütet wie ein Tresor voller Staatsgeheimnisse. Selbst an Tagen der offenen Tür ist das Restaurant für das Publikum geschlossen. Ähnlich ist es mir vor dreißig Jahren ergangen: Über die Redaktion einer Pariser Zeitung, für die ich arbeitete, versuchte ich das Presseamt im Ostberliner Außenministerium zu erreichen, um ein Visum zu bekommen. In der DDR organisierte sich der Protest, die Deutschen flohen massenhaft nach Ungarn. Ich musste unbedingt sehen, was sich hinter der Mauer zusammenbraute. Ich wartete stundenlang, den Hörer unters Kinn geklemmt, den Blick auf Sacré-Cœur gerichtet. Ostberlin sagte weder ja noch nein. Ich wurde von einer Stelle zur nächsten verbunden. Am Ende erhielt ich kein Visum. So überquerte ich die Grenze als Touristin zu Fuß am Checkpoint Charlie und musste wie Aschenputtel vor Mitternacht zurück sein.

Ins Senatsrestaurant gelange ich nicht mal als Touristin hinein. Ich gebe mir die größte Mühe, komme aber keinen Schritt weiter. Je mehr ich mich ins Zeug werfe, desto mehr trete ich auf der Stelle. Natürlich liegt es mir fern, die respektable Pressestelle des Senats mit den Betonköpfen der DDR in einen Topf zu werfen. Aber dieses Weder-ja-noch-nein, diese E-Mails in steifem Amtston, dieses Schweigen ... Jedes Mal, wenn ich mich kurz vor dem Ziel glaube – ein guter Kontakt, eine herzliche persönliche Empfehlung, eine Senatorin aus meiner Region, bei der ich bestimmt nicht auflaufen werde –, jedes Mal ist es wieder ein Schlag ins Wasser. Ein halbes Jahr später gestehe ich es mir endlich ein. Nie im Leben werde ich sehen, was sich hinter dem Kreuz verbirgt, das der Saaldiener auf meinen Plan gezeichnet hat. Ich setze mich auf den Rand des Bassins im Jardin du Luxembourg, starre auf die hohen undurchsichtigen Fenster des Palais und tröste mich mit einem Schinkenbrot.

Senat und Bundestag sind Antipoden. Französische Arroganz, deutsche Bescheidenheit. Als ich beim Bundesrat anfrage, ob ich einen Blick ins Restaurant dieser Hochburg des bundesdeutschen Föderalismus werfen darf, habe ich Angst, mich lächerlich zu machen: die Kantinen der Macht zu vergleichen, was für eine schrullige Idee! Bestimmt wird man mich für verrückt halten und mich zum Teufel schicken. Doch schon nach drei Tagen ruft mich der Pressesprecher zurück: Was für ein schönes Projekt! Originell! Nur zu gern sind wir Ihnen behilflich und öffnen Ihnen unsere Türen! Eine sympathische junge Stimme. Wann hatten Sie gedacht? Ich habe die Qual der Wahl und möchte einen Sitzungstag. Das war schon alles. Eine Woche vor unserem Treffen ruft der Pressesprecher mich noch einmal an: «Dieses Programm habe ich für Sie entworfen, passt es Ihnen? Genügt eine halbe Stunde im Plenarsaal? Wenn Sie es wünschen, wird Sie jemand den ganzen Tag begleiten.»

Als ich am Eingang des Bundesrats in der Leipziger Straße

eintreffe, habe ich kein gutes Gefühl. Der Vergleich zwischen Senat und Bundesrat wird immer mehr zur Karikatur. Und so plakativ will ich eigentlich nicht sein. Vor der Tür stehen kreuz und quer Fahrräder. Die Pförtnerin winkt mich in einen kleinen Warteraum. Ich steige fünf Stufen und stehe in einem Dschungel von Grünpflanzen. Ein wucherndes Chaos auf den Fensterbrettern. Die Pflanzen sind aus den anliegenden Büros gekrochen. Eine grüne Plastikgießkanne klemmt zwischen einem Kaktus und einer Palme. Die Sekretärinnen, die sonst den ganzen Tag vor dem Bildschirm sitzen, gießen die Pflanzen, eignen sich einen kleinen Teil des öffentlichen Raums an und lassen in den nüchternen Fluren das Leben sprießen. «Mein Arbeitsplatz soll schöner werden» – diese Devise scheint den Angestellten des Bundesrats sehr am Herzen zu liegen. Auch die Pförtnerin lässt sich nicht von ihren offiziellen Aufgaben einschränken. Sie gibt ihrer Begabung als Innenarchitektin freien Lauf. Der Jahreszeit entsprechend dekoriert sie den Kaffeetisch vor dem schwarzen Ledersofa, auf dem die Besucher warten. Ein Sträußchen getrockneter Blumen auf einer bunten Papierserviette im Frühling, Hasen und Glocken in einem Strohnest zu Ostern, Tannenzapfen und Lametta in der Weihnachtszeit. Das ist das gemütliche Gesicht der deutschen Demokratie. Ich verkneife mir jeden Vergleich! Nein, ich denke nicht an die Meisterwerke, an die weißen Marmorbüsten, an die Vergoldungen, die den Besucher im Vestibül des Senats empfangen.

Als mein Führer mich in die Wandelhalle begleitet, entdecke ich den schlichten Charme einer Hotellobby. Von der Decke hängen drei Metalllanzen, angetrieben von einem kleinen Motor, «wird alle zwei Jahre vom TÜV geprüft». «Die drei Grazien», eine Installation von Rebecca Horn. Der einzige Schmuck in diesem ganz auf Effizienz ausgerichteten Foyer.

Ich zwinge mich, nicht an den Salle des Conférences in Paris zu denken. Ein Raum aus Gold. In der Mitte Napoléons Thron, zwei Sphinxe als Armlehnen. Mein Begleiter sagt, so viel Pracht und Prunk entspricht nicht mehr unserem Verständnis von Macht und Politik.

In der Wandelhalle wird man nicht von vier Jahrhunderten kontinuierlicher Geschichte empfangen. Stattdessen Brüche, Katastrophen, Bombardierungen, Neuanfänge. Im Vergleich zum Senat ist der Bundesrat ein Jüngling. Das Gebäude ist gerade erst hundert Jahre alt. 1904 wird der Bau für das Preußische Herrenhaus, das Oberhaus des preußischen Parlaments, eingeweiht. Im Dritten Reich macht Hermann Göring ihn zu seinem Dienstsitz als preußischer Ministerpräsident. Er lädt Nazi-Bonzen zu Banketten im Plenarsaal ein. Im Krieg zerstört eine Phosphorbombe alles, was nicht aus Stein ist. 1945 findet das stark beschädigte Bauwerk sich in der Sowjetzone wieder und später wenige Meter von der Mauer, die den Potsdamer Platz zerschneidet. Die Seitenflügel in dieser Sackgasse sind gerade noch gut genug, um die Archive der Akademie der Wissenschaften der DDR und der Staatlichen Plankommission aufzunehmen. Traurig sieht das Gebäude im Kalten Krieg aus. Dreißig Jahre bleibt die Wandelhalle zugemauert. Die DDR will die Relikte Preußens ausradieren. So soll die Geschichte zugedeckt werden. Niemand betritt mehr diese feuchte Gruft. Aus dem Festsaal wird eine Kantine mit Tüllgardinen. Es riecht nach altem Fett. Und im Plenarsaal werden Möbel gelagert.

Als 1996 der Umzug des Bundesrats von Bonn nach Berlin beschlossen wird, erinnert man sich an die verlassene Ruine in der Leipziger Straße. Das Gelände ist ideal, die Lage günstig, aber vor allem, und das ist das entscheidende Argument, kostet es viel weniger, sich hier einzurichten, als ganz neu zu bauen.

Im Jahr 2000 zieht der Bundesrat ein. Wir sind keine Großmacht mehr, beteuert die Gestaltung des Plenarsaals. Wir stehen zu unserer deutschen Geschichte! Auch zu den negativen preußischen Erfahrungen. «Auflockern», «Transparenz» heißt die Parole.

In aller Unschuld bitte ich, das Restaurant besichtigen zu dürfen.

«Das Restaurant?»

Mir wird klar, dass ich diesen so hilfsbereiten Mann in Verlegenheit bringe.

«Im Bundesrat gibt es kein Restaurant. Sie meinen die Cafeteria, Madame.»

Anders als ihre französischen Kollegen treffen sich die Mitglieder des Bundesrats nur einen Vormittag im Monat. Sie steigen vor der Treppe aus dem Wagen und lassen den Mantel auf dem Rücksitz liegen. Sie haben hier nicht einmal Büros. Die Mitglieder des Bundesrats tun ihre Hauptarbeit in ihren Bundesländern. Alles wird im Voraus verhandelt und beschlossen. In Berlin wird nur noch schnell abgestimmt. Für ein Mittagessen ist da keine Zeit. Ein durchgehend geöffnetes Restaurant wäre also Verschwendung. Hierher kommt man, um zu arbeiten, nicht um die Post abgehen zu lassen.

Die Cafeteria erinnert an den Ausschank eines Kleinstadtbahnhofs. Ein paar verstreute Tische und ein Tresen, an dem man bestellt. Hier bedient man sich selbst. Von livrierten Lakaien keine Spur. Drei Ministerpräsidenten haben sich vor einer Tasse Kaffee niedergelassen. Sie haben ihre Jacketts abgelegt und kauen an einer Stulle. Auch abräumen muss man selbst. Die Gäste sind gebeten, das schmutzige Geschirr in einem Regal abzustellen. Nichts, nicht einmal die belegten Brötchen, ist subventioniert. Jeder bezahlt den vollen Preis.

«Hier gibt es keine Küche», erklärt mir der Betreiber des Catering-Service.
«Wie, keine Küche?», frage ich.
«Das ist gegen die Vorschriften. Wir dürfen Gerichte hier nur aufwärmen.»
Man kriegt also nicht mal ein Spiegelei, wenn man im Bundesrat hungrig wird. Von einem Tagesmenü ganz zu schweigen. Die «feste Crew» besteht aus fünf Angestellten in Alltagskleidung und Schürze. Eine magere Mannschaft, vergleicht man sie mit der «Senatsbrigade» samt Küchenchef, ihren Konditoren, Sommeliers, Köchen und ihrem Oberkellner. Man fühlt sich hier an die Fastenzeit erinnert. Auch in den Tellern verzichtet man auf Pracht und Prunk. Die Speisekarte ist ebenso demokratisch wie das Dekor: Würstchen und Kartoffelsalat, ein Korb mit Äpfeln, Brötchen mit Käse, Salami oder Mett mit Zwiebeln. «Natürlich wird die Hackfleischverordnung hinsichtlich der Kühlkette strengstens befolgt», beeilt der Geschäftsführer mich zu beruhigen. «Der Bundesrat hat dafür gestimmt. Dann werden wir ganz bestimmt nicht dagegen verstoßen!»

Für den ganz kleinen Hunger gibt es eine Olive, eine Traube und einen Käsewürfel aufgespießt auf einem Zahnstocher. Ich stelle mir vor, was für ein Gesicht unsere Senatoren machen würden, wenn man sie auf eine solche Diät setzen würde. Sie, die mit halbgegarter Foie gras und bretonischer Seezunge Müllerin Art verwöhnt werden. Übrigens scheut die Cafeteria vor Ausflügen in die Exotik nicht zurück. Bagel mit Mozzarella und Tomaten! Brie! Der orientalische Salat dagegen wurde rasch wieder von der Karte gestrichen. Niemand rührte ihn an, und das war es dann mit dem Abenteuer. Vegetarisch, Laktose- oder Glutenintoleranz ... alles dabei! An alles wird gedacht, an

Unverträglichkeiten, Allergien, Diabetes, salzlose Kost – nur selten jedoch an die Sinnenfreude.

Was für ein Aufstand im Restaurant des Senats, würden auf der Speisekarte Tofusteak Beauharnais oder Crème Caramel mit Sojamilch auftauchen. In seinem Bemühen, den Senat «bescheidener» zu gestalten und eine «demokratische Revolution» anzuzetteln, erzwang der sozialistische Präsident Jean-Pierre Bel eine traurige Diät. Hauptspeise: dampfgegarter weißer Fisch. Aber mit dem pantagruelischen Gérard Larcher kehrten die Konservativen an die Macht und damit in die Küche zurück. Wild und Saucen tauchten wieder auf. In Frankreich traut man jemandem, der kräftig zulangt, mehr als einem Diätapostel.

Und dann der Gipfel: kein Alkohol! Der Bundestag praktiziert die Prohibition. Möchte man einen Geburtstag oder einen Abschied in den Ruhestand mit einer Flasche Sekt feiern, muss man sie vorher bestellen. Der Keller des Bundesrats spiegelt den deutschen Föderalismus. Wein aus Rheinland-Pfalz und aus Baden-Württemberg sind paritätisch vertreten. «Unsere Mitglieder müssen konzentriert arbeiten, weil sie eine umfangreiche Tagesordnung mit vierzig bis fünfzig Punkten haben. Zack, zack», sagt mein Führer. Nur eine Viertelstunde haben sie fürs Essen. «Drei Stunden lang essen und den Tisch so zurücklassen, als wenn eine Bombe eingeschlagen hätte – diese Art Feier ist uns fremd.» Hier geben die Politiker ein gutes Beispiel.

Einmal sah ich, wie die Ministerpräsidentin eines großen Bundeslands panisch wurde: Sie wollte auf keinen Fall mit dem Glas Weißwein fotografiert werden, das sie sich als harmloses und wohlverdientes Vergnügen nach einem langen Arbeitstag gegönnt hatte. Während unsere satten Senatoren in ihren weichen Sesseln im Palais du Luxembourg eine Runde dösen, rackern die armen Teufel vom Bundesrat sich ab, nüchtern und auf unbequemen Stühlen. Nach der Sitzung essen sie auf die Schnelle etwas im Flugzeug oder löffeln ihren Eintopf im Bistro des ICE. Im Bundesrat herrscht die Askese. Hier gibt es in den Toiletten kein heißes Wasser. Um Energie zu sparen, wäscht man sich die Hände sommers wie winters kalt.

Und wenn die Senatoren ihre deutschen Kollegen besuchen? Stundenlang habe ich mir ihr Entsetzen ausgemalt, ihr verächtliches «Ts, ts», wie sie die Klischees auffrischen über die Deutschen, die leben, um zu arbeiten, während wir Franzosen, als Genussmenschen geboren, arbeiten, um zu leben. Ich stelle mir die Panik des Cafeteria-Betreibers vor. Das ewig lange Brüten über dem Menü. Nein, wir werden uns nicht demütigen lassen! Diesen Franzosen zeigen wir, was wir können! Den Senatoren werden wir natürlich eine feinere Küche anbieten. Der Wirt fragt bei den Franzosen an. Aber die Franzosen wollen gar nicht hochherrschaftlich verpflegt werden. Sie wollen echtes deutsches Essen. Genug mit Feinschmeckerdiät. Currywurst! Also bekommen sie eine edlere Variante auf einem Porzellanteller mit richtigem Besteck anstatt Pappteller und Plastikgabel. Und die Franzosen? Die Franzosen finden das so exotisch. *Si délicieux!*

Das 11. Gebot: Du sollst im Paradies nicht grillen!

Paris im Juli. Brüllende Hitze, Staus, Ozonwarnung. Zwischen den hohen Fassaden ringt man nach Luft. Deshalb haben wir, mein Sohn und ich, uns unter die Platanen des Jardin du Luxembourg geflüchtet. Der Kleine hat gerade Laufen gelernt. In seinem Windelhöschen aus Zellstoff und Plastik wackelt er durch die Alleen. Er quengelt. Von seiner Stirn tropft der Schweiß. In der Ferne verklingt der Lärm der Stadt. Im Jahr 1610 lässt Maria de' Medici das Palais du Luxembourg nach dem Vorbild des Palazzo Pitti in Florenz bauen. Der fünfundzwanzig Hektar große Park, der Luco, wie ihn die Bewohner des Quartier Latin nennen, ist eine elegante grüne Lunge mitten in einer Stadt am Rand der Erstickung. Es gibt Vögel und Rabatten mit hellen Blumen, das Plätschern eines Springbrunnens und sogar einen Lufthauch. Wie fühlen uns ein bisschen wie im Paradies.

Die Pariser haben sich auf den Stühlen im Schatten ausgestreckt. Wir setzen uns auf eine Bank. Schnell ziehe ich den Kleinen aus. T-Shirt, Shorts und Windel. Und schon läuft er zum Becken. Von weitem beobachte ich seine runden Pobacken und höre, wie er mit den Händen platscht. Ich genieße

den Augenblick, schließe kurz die Augen. Doch da reißt mich eine Trillerpfeife aus meiner Träumerei.
«Ist das Ihr Kind?», fragt mich ein Riese, der sich im Gegenlicht vor mir aufgebaut hat.
Ein Parkwächter mit Mütze und Walkie-Talkie. Er hält den Kleinen an der Hand.
«Es ist verboten, im Park nackt herumzulaufen!»
«Aber das ist doch ein Kind.»
«Darf ich Sie daran erinnern, Madame, dass Sie sich hier im Privatpark des Senats aufhalten. Die Öffentlichkeit wird nur geduldet. Und wenn man geduldet wird, beachtet man gefälligst die Vorschriften. Hätten Sie mal lieber die Tafel am Eingang gelesen. Sie können von Glück sagen, dass ich Ihnen keinen Strafzettel schreibe.» Offensichtlich hat der Senat bei der Auswahl seiner Bediensteten auf gute Manieren geachtet. Ich schätze mich wirklich glücklich. Normalerweise sind die Vertreter des Gesetzes in Frankreich ruppiger.

Marie, Clémence, Jeanne, Marguerite, selbst die Königinnen von Frankreich aus weißem Marmor rund um die Terrassen wirken schockiert. Anscheinend habe ich einen Exhibitionisten zur Welt gebracht. Ich ziehe den heulenden Kleinen wieder an. Und er fängt erneut an zu quengeln. Ich bereue, feige gewesen zu sein, und erkläre dem Wächter, dass die Kleinkinder bei mir in Deutschland – das ist doch völlig natürlich! – im Park nackt sein dürfen.

Als wir den Jardin verlassen, studieren wir die Parkordnung. Sie hängt in einem Glaskasten am Eingang. Der Wächter zeigt auf Artikel 4a: «Die Nutzer haben sich angemessen zu kleiden und die Anstandsregeln zu beachten.» Die Verfasser dieses Werks sind besonders kreativ gewesen: sechs Seiten Verbote. Der Wächter sagt, er könnte täglich ein ganzes Heft mit Strafzetteln füllen: «Hier ist es ganz einfach, man darf gar nichts machen!»

Plötzlich zuckt er zusammen und zitiert Artikel 6, Überschrift «Lärm»: «Das Benutzen von Instrumenten unterliegt einer Sondergenehmigung.» Der Parkwächter hat einen jungen Mann entdeckt, der auf seiner Gitarre schrammelt. Er stürzt sich auf seine Beute. Während er dem Musiker ein Knöllchen verpasst, schlage ich mich durch die Parkverhaltensvorschriften. Es ist verboten, sich auf Rädern durch den Garten zu bewegen, auch mit einem Fahrrad oder einem Roller. Betteln ist verboten. Verboten der Gebrauch von Waffen, Schleudern, Bögen, Bumerangs, Baseballschlägern. Verboten jede Art von Tieren. Im südwestlichen Teil des Parks sind Hunde mit Ausnahme von Kampfhunden und Doggen geduldet. Aber nur wenn sie an der Leine geführt werden. Verboten ist das Taubenfüttern. Verboten sind Ballspiele mit dem Fuß. Dagegen sind Handball, Schaumgummibälle und Boule an eigens dafür vorgesehenen Plätzen gestattet. Verboten sind Baden und Angeln im großen Becken und in den Springbrunnen. Welcher Angler käme auf die Idee, in der Fontaine Médicis, dem eleganten Bassin unter einem Platanendach, die Angel auszuwerfen? Verboten, auf die Bäume zu klettern. Obst oder Blumen zu pflücken. Feuer anzuzünden. Camping. Der Gesetzgeber hat einfach an alles gedacht. Absurd der Gedanke, dass man sein Zelt unter den Fenstern des Senats aufschlagen und ein Lagerfeuer in einem Blumenbeet anzünden würde? Verboten, auf die Balustraden, Bänke, Stühle zu klettern. Die Rabatten und die Rasenflächen zu betreten. Unter das Betäubungsmittelgesetz fallende Substanzen anzubieten oder zu erwerben. Wetten oder Glücksspiele zu organisieren. Und ich dachte, ich sei im Paradies gelandet: Im Garten von Eden gab es dagegen nur ein einziges Verbot.

Nicht erlaubt ist im Luco auch politische Agitation. Keine Demonstrationen. Keine Flugblätter. Sogar wenn ganz Frankreich streikt und demonstriert, wird der Luco gewissenhaft gemieden. Für den Volkszorn sind die großen Boulevards zuständig, Saint-Michel und Saint-Germain, Hochburgen im Mai '68. Der Luco hat sich von der Bauerndemonstration noch nicht erholt. Vor einigen Jahren sind Kühe und Schafe die Stufen hinuntergeeilt und haben den Rasen vor dem Senat abgegrast. Manche alte Einwohner erinnern sich auch noch daran, dass der Jardin während der Besatzung zum Parkplatz für die deutsche Artillerie degradiert wurde.

Der Parkwächter ist wieder da. Er sieht es als seine Pflicht an, die unter Wilde geratene Französin in die Zivilisation zurückzuführen. Verboten ist auch, das versteht sich von selbst, sich «im Zustand der Trunkenheit hier aufzuhalten» und alkoholische Getränke außerhalb der dafür genehmigten Bereiche zu konsumieren, weil das Bier harntreibend ist und es die Sträucher ruiniert, wenn man sie anpinkelt. Das ist teuer: 38 Euro Strafe! Die Besucher werden gebeten, ein *chalet d'aisance* zu benutzen. Diese Hütten der Erleichterung sind unterirdische Toiletten mit künstlichen Rosensträußen, Weihrauchstäbchen und einer strengen *dame pipi*.

Im Senat zeigt man voll Stolz ein Bild aus dem 19. Jahrhundert: «Sehen Sie, nichts hat sich geändert! Der Park sieht noch genauso aus wie damals!» Tatsächlich: Man erkennt das Bassin, die Statuen der französischen Königinnen, die gepflegten Beete, die von Maria de' Medici so geliebten Orangenbäume in ihren Holzkästen, die Obstbäume aus dem 17. Jahrhundert. Selbst die heutigen Stammgäste könnten hier aus einer anderen Zeit stammen: am Sonntag armenische Großfamilien, die alte Amerikanerin mit dem Strohhut, die sich über dieses «entsetzlich und ewig lärmende» Paris beklagt, die Herren, die die Jacke ablegen, wenn sie Schach oder Boule spielen.

Der Parkwächter genehmigt sich einen kleinen Regelverstoß. Immer wieder lüftet er seine Mütze: «Das ist verboten, aber es wird toleriert», erklärt er. Nur mühsam erkennt ein Neuling den fließenden Übergang zwischen Verbotenem und Toleriertem. Hier spiegelt sich der subtile Umgang der Franzosen mit dem Gesetz. Vor nicht allzu langer Zeit war es untersagt, sich auf den Bänken auszustrecken. Doch «um nicht dauernd im Konflikt mit der gesellschaftlichen Entwicklung zu stehen», hat die Parkleitung nachgegeben. Die horizontale Lage ist jetzt zulässig. Aber nur auf den Bänken. Die Besucher dürfen ihre Füße nicht auf die Stühle legen.

In einem Punkt werden keinerlei Verstöße geduldet, nämlich bei den Rasenflächen. Noch vor wenigen Jahren war der Rasen für das Publikum vollständiges Sperrgebiet. Als drei schmale Streifen nebeneinander freigegeben wurden, kam das geradezu einer Sittenrevolution gleich. Aber aufgepasst, auch hier darf man nicht einfach machen, was man will. Nur am Wochenende sind die drei Flächen freigegeben. In der Woche nur eine.

Bei der Kleiderordnung herrscht jedoch eine deutliche Unsicherheit. Im Jardin du Luxembourg hat man anscheinend noch nie etwas von Gleichberechtigung gehört. Die Frauen dürfen ein Bikinioberteil tragen, müssen aber «untenherum» angezogen sein. Den Männern dagegen sind Badehose und nackter Oberkörper erlaubt. Hier im Park sind nur die Statuen unbekleidet. Eine alte Dame hat sich sogar einmal über eine obszöne Skulptur beschwert: Wenn man den Gott Vulcanus an der Zentraltreppe aus einer bestimmten Richtung betrachtet, scheint er ein enormes erigiertes Geschlechtsteil in der Hand zu halten. Von vorn sieht man allerdings, dass er einen Hammer hält. «Mit Verlaub, Madame, Ihre Vorstellungen sind ziemlich abwegig», erlaubte der Wächter sich zu bemerken und verbiss sich das Lachen. Was erst würde Madame bei einem Spaziergang durch den Tiergarten sagen.

Würde in Berlin ein derartiges Reglement in Kraft treten, müsste der Tiergarten mit Gewalt komplett geräumt werden. Der Tiergarten: 220 Hektar Freiheit. Dichtes Unterholz, wilde Bäume, die Rasenflächen dürfen betreten werden. Alles scheint erlaubt, sogar die Wiesen mit Pfennigabsätzen zu durchlöchern und die Alleen mit Rollern aufzuschlitzen. Der Hund kann frei herumlaufen. Eng umschlungen liegen die Hetero-Pärchen unter Buchen. Um die Siegessäule – «Immer wo wat Phallisches is» – bräunen sich die Schwulen in nietengeschmückten Lederstrings. Im Jardin du Luxembourg nennt man das so: «Eine provozierende sexuelle Identität zur Schau stellen, die unkontrollierbare Szenen auslösen würde.» Bei schönem Wetter ist der Tiergarten ein gigantisches FKK-Lager mitten in der Stadt. Nur ein legendärer Nacktjogger wurde eines Morgens aufgefordert, sein Geschlechtsteil zu bedecken. Wer weiß, warum ...

Im Tiergarten ist mein Sohn ein glücklicher Wilder. Er klettert auf die Bäume, füttert Eichhörnchen und, ja, er pinkelt ins Gebüsch. Fußbälle und Frisbees sausen durch den Sommerhimmel. Alles, was ein oder zwei Räder hat, braust die Alleen entlang. Und die Pariser Kinder? Sie müssen sich dem prächtigen historischen Dekor fügen. Das berühmte Karussell ist ein Juwel, errichtet 1879 von Charles Garnier, dem Erbauer der Pariser Oper. Die Holzpferdchen sind zerbrechlich. Bloß nicht auf diesem Museumsstück toben! Die Kinder sitzen wie erstarrt.

Im 18. Jahrhundert hieß der Tiergarten «Lustpark für die Bevölkerung». 1840 wird er von Kurfürst Friedrich Wilhelm III. in der von Peter Joseph Lenné neu gestalteten Form eingeweiht. Nach der napoleonischen Besatzung platzt die Stadt aus allen Nähten, die Berliner brauchen einen Erholungspark. Seitdem steht der Tiergarten den Besuchern Tag und Nacht offen. Solche sozialen Gedanken kannte Maria de' Medici nicht! Beim Einbruch der Dunkelheit schließt der Jardin du Luxembourg seine Tore. Die Anlage diente schon immer mehr als Schaufenster der Macht denn als Volksgarten. Hier präsentiert sich die Nation in all ihrem Glanz: Tradition, Stolz, Unerreichbarkeit. Hier wird die Natur gezähmt, hier wird der eigene Reichtum ausgestellt. Hier gibt es eine geschichtliche Kontinuität.

Ganz anders im Tiergarten. 1945 hatten nur 800 Bäume das Inferno Zweiter Weltkrieg überlebt, und die Idee des Nationalstolzes war für lange Zeit in Misskredit geraten. In der schweren Nachkriegszeit fällten die Berliner auf der Suche nach Brennholz die noch übriggebliebenen Bäume und verwandelten die Rasenflächen in Gemüsebeete. Auch der Tiergarten hat Narben von der deutschen Geschichte davongetragen.

Im Jardin du Luxembourg nimmt man den Tiergarten nicht ernst. «Ein Wald, ein Dschungel, aber kein Park, den die menschliche Hand gestaltet hat», sagt der Wächter. Im Tiergarten war er nur einmal. Das war genug. Anarchie! Rohe Natur! Dessen Besucher haben den Befehl «Verboten!» vermutlich noch nie gehört, obwohl er in den Ohren der Franzosen so deutsch klingt. Vergeblich suchte der Wächter des Luco die Parkordnung im Tiergarten. Ein einziger Nachmittag, und schon kippten die hartnäckigsten Klischees direkt vor seinen Augen ins Gegenteil. Plötzlich waren die Deutschen die Aufsässigen, die Bohemiens. Und die Franzosen verklemmte Ordnungsfanatiker. In den Parks offenbaren sich die Nationen. Zwischen den Blumenrabatten zeigen sie ihren wahren Charakter.

Was verhüllt das Handtuch des Franzosen?

Sich nackt in die frischen Wellen eines einsamen Sees gleiten lassen, sich danach allein zwischen den Bäumen ausstrecken, unter den ersten Sonnenstrahlen, bevor man sich anzieht und ins Büro an den Computer eilt – wie schön, den Tag so anzufangen. Als einzige europäische Hauptstadt bietet Berlin solche Freuden ganz nah am Stadtzentrum. Das sage ich mir, als ich an einem Augustmorgen durch den Schlachtensee schwimme. Seit Tagen erstickt die Stadt in den Hundstagen. Kein Tropfen Regen in Sicht. Kein Windhauch in der Nacht. Schlafen ist nicht mehr möglich. Tagsüber trieft man vor Schweiß. Ohne das tägliche Bad einfach unerträglich. Als ich zum Ufer zurückschwimme, sehe ich, dass auch jemand anderes diese gute Idee gehabt hat. Im Gegenlicht hebt sich am Ufer die Silhouette eines unverkennbar männlichen Wesens ab. Ich steige aus dem Wasser und stolpere fast über einen Politiker, den ich am Tag vorher interviewt habe. Er ist nackt. Ich auch. Und da wir auf dem Stückchen Strand alleine sind, können wir auch nicht so tun, als hätten wir den anderen nicht bemerkt. Als ich ihn letztens sah, war er im Anzug, und weil es so heiß war in seinem Büro, hatte er sich die Freiheit genommen, seine Krawatte zu lockern. Er hatte mich sogar um Erlaubnis gebeten, sein Jackett abzulegen.

«Es stört Sie hoffentlich nicht?», hatte er mich gefragt, wie ein gut erzogener Junge, der Gefahr läuft, einen Fauxpas zu begehen. «Es ist einfach zu heiß.»
«Aber ich bitte Sie!», hatte ich höflich geantwortet.
Seine Hemdsärmel hochzurollen, hatte er nicht gewagt.

Und jetzt steht er da, ohne Jacke, ohne Krawatte, ohne Hose, ohne Unterhose. Auf den Wurzeln einer alten Eiche sehe ich eine Pyramide mit seiner ordentlich gefalteten Kleidung. Die zusammengerollten Socken hat er in die Schuhe gestopft. Ich bin ratlos. Was schreibt der Knigge für einen solchen Fall vor? Welche Anstandsregeln sind hier zu beachten? Sollte ich zu ihm gehen und ihm die Hand geben? Höflich nicken und mich wieder im Wasser verstecken? Er jedoch ergreift die Initiative, schlendert völlig entspannt auf mich zu und reicht mir die Hand. «Na so was, Frau Hugues, guten Morgen, ist es nicht herrlich hier?» Er ist erfreut. Ich werde krebsrot.

Am liebsten würde ich mich im Erdboden eingraben. Selbst im Bikini wäre diese Begegnung mir unangenehm gewesen. Im Bruchteil einer Sekunde bedecke ich mich mit meinem Badetuch und schüttele ihm die Hand. Ich hoffe auf ein schnelles Ende dieser Qual. Aber er bleibt wie angewurzelt stehen, die Zehen im Sand vergraben, und beginnt eine Unterhaltung. Er hat über unser Gespräch vom Vortag noch einmal nachgedacht und findet, dass einige Punkte präzisiert werden sollten. Der Penis in der Sonne, die Pobacken in der Luft, so erläutert er mir seine grundsätzlichen Überlegungen zur Krise des deutschen Rentensystems. Ich kann kaum den formellen Mann wiedererkennen, den ich in seinem Büro getroffen habe. Ich wage es nicht, die Augen zu senken, und fixiere abwechselnd sein Gesicht und den Horizont. Der Vortrag nimmt kein Ende. Bin ich total verklemmt? Und er völlig locker?

Am Nachmittag gehe ich im Tiergarten spazieren. «Das Schamgefühl ist wirklich keine deutsche Tugend», stelle ich fest. Ich flaniere zwischen schlaffen Penissen auf behaarten Schenkeln, Brüsten, die sich der Sonne präsentieren, von Tätowierungen umkränzten Pobacken und strassgepiercten Bauchnabeln. Eine Ansammlung von Fleisch und Geschlechtsorganen in einem öffentlichen Park, nur wenige Meter von der Straße des 17. Juni entfernt, ganz nah am Gewirr von Autos, Fahrrädern, Joggern und Spaziergängern. Unter den Fenstern der Kanzlerin. Im Herzen von Berlin. Dabei glaubte ich, in Deutschland würde die mitten in der Stadt ausgestellte Nacktheit als Erregung öffentlichen Ärgernisses gelten. Von wegen! Mangels Vorschriften gilt Nacktheit im Tiergarten, im Englischen Garten in München und in vielen anderen deutschen Parks als geduldete Tradition, um die man sich nicht weiter schert. Eine Grauzone in einem Land, dem man die Regulierung des öffentlichen Raums bis in die letzte Falte nachsagt. Zieht euch aus! Anscheinend bekommen die Deutschen im Sommer diese strenge Anweisung und befolgen sie ohne Widerrede. Kaum klettert das Thermometer über 25 Grad, werfen sie die Kleidung von sich!

Ich erinnere mich daran, wie ich im Sommer nach dem Fall der Mauer zu einem sehr mondänen Empfang eingeladen war, auf einem Schiff, das langsam durch die schmalen Kanäle Berlins glitt. Auf dem Deck: Smalltalk und Sekt. Eine Zusammenstellung hochkarätiger Intellektueller, die Damen mit Strohhüten, die Herren im Sommeranzug und mit Panama. Am Ufer: Pimmel und gegrillte Würstchen. Die Zonis spielten

Adam und Eva. An Bord tat die leicht genierte Runde so, als würde sie die vorbeiziehende Peepshow nicht bemerken. Hätten Sie gern noch ein Schälchen Erdbeeren mit Sahne, meine Liebe? Und was denken Sie über die künftige architektonische Entwicklung von Berlin, Herr Professor? Nur zu gern hätte ich gewusst, was die Badenden über diese keusche und bis zum Hals zugeknöpfte Gesellschaft dachten. In der DDR war die Freikörperkultur eine der wenigen tolerierten Transgressionen. Ehrlich gesagt ist mir erst an diesem Nachmittag klargeworden, warum das öffentliche Ausziehen der Unterhose eine Provokation ist.

Diese Zurschaustellung der Nacktheit ist für eine Französin wirklich erstaunlich. Stellen Sie sich nur einmal Nackte im Jardin du Luxembourg vor, wo es schon als Anschlag auf die guten Sitten gilt, wenn man sich die Strümpfe auszieht oder den Rock ein wenig hochschiebt, um die Beine zu bräunen. Niemals, absolut niemals, würde man in Frankreich außerhalb der umzäunten FKK-Strände jemanden ohne Badeanzug sehen. Selbst der winzigste Minibikini, der schmalste String, das kaum sichtbare Stoffdreieck täuscht etwas vor. Nicht einmal ein paar Löckchen Schamhaare darf man sehen. Um sich unbeobachtet umzuziehen, hält man sich gegenseitig ein Handtuch vor wie einen Paravent. Mühsam auf einem Bein balancierend, zieht man sich den Badeanzug an. Die Deutschen spotten: Verrenkt sich einer hinter seinem Handtuch, um sich die Badehose anzuziehen, kann das nur ein Franzose sein.

Die Freikörperkultur ist schon hundert Jahre alt, wie mir erklärt wurde. Wie so oft wird der tiefere Sinn einer Tradition allein mit ihrem langen Bestehen gerechtfertigt. Nach Jahrhunderten der Prüderie setzte sich der gesunde Körper um 1900 zum ersten Mal dem Sonnenschein, dem Wind und den entsetzten Blicken der Bürger aus. Zum Teufel mit den Unterröcken, den Fischbeinkorsetts, den langen Unterhosen und den Hemmungen! Wie schon der Name erkennen lässt, will FKK die etablierte Ordnung in Frage stellen.

Um die Situation besser zu verstehen, beschließe ich, als Ethnologin – oder als Voyeurin, je nachdem, wie mein Vorgehen interpretiert wird – aufzutreten und den Stamm der deutschen FKKler am Wannsee zu erforschen. Der Wannsee wird wegen seines seichten und im Sommer sehr warmen Wassers auch die Badewanne von Berlin genannt. Ein traditionsreicher Ort, denn hier wurde im Preußen von 1907 zum ersten Mal das Nacktbaden genehmigt.

Als ich aus der Umkleidekabine trete, entdecke ich den Holzzaun quer über den Strand. Er trennt den Textilstrand vom FKK-Strand. 800 Meter Textil. 200 Meter Haut. Ich sitze im Schneidersitz im Sand und betrachte die Berliner, die gebräunte Haut wie altes Leder, Geschlecht und Brüste führen ein zwangloses Leben. Ganz nah am Wasser stellen die Badegäste ihre Klappstühle und Campingtische auf. Auf dem feinen Sand bauen sie ihre heimischen Wohnzimmer nach. Ein geblümtes Wachstuch auf dem Klapptisch, die Zeitung auf der Armlehne. Eine Kühltasche für Limo und Bier. Eine Thermoskanne für den Kaffee. Ein Mülleimer für die Abfälle. Manchmal sogar ein Handfeger, um den Sand von den Sandalen zu fegen. Wenn die Subversion so aussieht ...

Verunsichert verwickle ich einen dieser guten Wilden vor dem Kiosk in ein Gespräch. Er heißt Frank. «Frank, und du?» So stellt er sich unaufgefordert vor. Wozu sich auch in das Korsett des Siezens zwängen, wenn man sich nackt gegenübersteht. Frank erzählt mir, dass er für den Nachmittag aus dem

Büro abgehauen ist. Seine Frau – «Sabine, und du?» – kommt mit dem Sonnenschirm und den Sudokus dazu. Von Zeit zu Zeit muss Frank sich einfach von seiner Kleidung und seinen Fesseln befreien: Seit zwanzig Jahren ist er Sachbearbeiter in einer Behörde mit einem launischen Chef. Wenn er splitternackt vor dem Kiosk steht und in seinem Schälchen mit Kartoffelsalat stochert, dann, ja dann fühlt er sich frei. Sein Penis schwingt im Takt mit, während er seine Argumente mit Gesten unterstreicht. Er merkt mir meine Skepsis an. Und er bemüht sich, mich umzustimmen. Die Natur, ereifert er sich (ach, die Natur!), macht im Prinzip alles so gut! Wozu sich mit den Attributen unserer puritanischen Zivilisation belasten? Wozu den Körper verbergen, wozu ihn mit entfremdenden Kleidungsstücken bedecken? Es lebe die Unschuld des Körpers im Zustand der Reinheit, ohne Kunstgriffe und ohne Geheimniskrämerei!

Ohne Kunstgriffe? Ich bin verwirrt. Zwei Lederringe schmücken Franks Penis. Er bemerkt, dass mein irritierter Blick sich für den Bruchteil einer Sekunde auf seinen Unterleib gerichtet hat. «Man muss diesen Teil seines Körpers schmücken, ihr Frauen tragt ja auch Ohrringe!», erklärt er mir. Sabine kichert: «Aber sie sind praktisch, wenn ... du verstehst schon, was ich meine ...» Ja, ich verstehe sehr gut, was Sabine meint. Aber ich kann nicht recht nachvollziehen, warum sie plötzlich so verlegen ist und das harmlose Verb «vögeln» nicht aussprechen mag, während sie gleichzeitig ihren intimsten Schmuck zeigt: ein Piercing an der rasierten linken Schamlippe. Ich erinnere mich noch an die Zeit, als rasierte Beine und Achselhöhlen in diesem Land für widernatürlich gehalten wurden. Die deutsche Frau im Sommerkleid trug pelzige Beine und lange schwarze Haarbüschel unter den Armen. Ich verkneife mir die Frage an Sabine, ob Totalrasur, Tätowierung, Wimperntusche,

Nagellack, ihr Kettchen um das Fußgelenk und Franks Cockring nicht auch ein Eingriff in die unberührte Natur sind.

Jetzt mischt sich der Kioskbesitzer ein. Er beklagt sich über diese Ausländer, vor allem junge Türken, aber auch Franzosen! (das Ausrufezeichen ist ganz klar für mich bestimmt), die zum Gaffen herkommen. Oder diese Asiaten, die auf Schiffen vorbeifahren und fotografieren. Und die Touristen mit Shorts und Flip-Flops, die sich auf den Terrassen herumdrücken und sich kaputtlachen. «Ihr seid doch alle so was von verklemmt!», hält er mir vor. Diesmal schaut er mir direkt in die Augen und verzichtet auf jede Zurückhaltung. Dieses kollektive «ihr», in das er mich einbezieht, lässt mich erröten. Ich habe meine Kleidung im Spind zurückgelassen und bin inkognito in meine nackte Haut geschlüpft, wie Günter Wallraff, wenn er sich als türkischer Facharbeiter ausgibt, um deutsche Betriebe von innen auszuspähen.

Der Kioskbetreiber hat meine Tarnung sofort durchschaut. Hier, sagt er an meine Adresse gerichtet, ist das Reglement eindeutig: Wer sich an diesem Strand niederlässt, wird «freundlich» gebeten, seine Kleider abzulegen, und wehe, wenn jemand fotografiert. Er warnt mich. Übrigens sind die Stammgäste im Stadtbad Wannsee beunruhigt. Wegen so Verklemmten wie du, glaube ich in seinen Augen zu lesen, geht es mit dem FKK bergab. Seit Berlin wieder Hauptstadt ist, hat es sich internationalisiert. Diese ganzen Ausländer ertragen es nicht, dass man seinen Badeanzug auszieht. Multikulti und FKK passen nicht zusammen. Nichts illustriert diesen unüberwindbaren kulturellen Graben besser als das feindliche Nebeneinander beiderseits des dünnen Holzzauns am Stadtbad Wannsee: Auf der einen Seite liegen die Nackten in der Sonne wie Eidechsen. Auf der anderen baden junge Frauen im Burkini.

In einem Artikel über FKK habe ich diesen überraschenden und geradezu verstörenden Satz gelesen: «Nacktheit ist Reinheit und dient keineswegs dazu, die Geschlechter aufeinander scharfzumachen, sondern soll im Gegenteil ein Mittel sein, um ‹Kulturlaster› abzulegen.» Durchläuft nicht der geringste Lustschauder die nur wenige Zentimeter voneinander entfernten Körper? Frank sagt, dass er sieht, ohne zu sehen. Ich schaue ihn verblüfft an. Ob er mir mal bitte erklärt, wie diese Technik funktioniert? Er sagt, dass er die Körper um ihn herum nicht anstarrt, sie aber auch nicht übersieht. Sein Blick ist nicht neutral, aber auch nicht geil, ganz bestimmt nicht. Auf keinen Fall kommt er zum Anbaggern her! Wie kannst du nur an so was denken!

Ich versuche meine Irritation zu erklären. Liegen die Dinge wirklich so einfach, wie sie hier erscheinen? Widerspricht diese auf Fragen der Hygiene reduzierte Präsentation der eigenen Nacktheit nicht den Grundsätzen der Erotik? Ich verberge alles, um nur ein bisschen zu zeigen, natürlich ohne dass es danach aussieht. Ich verstecke, um besser zu enthüllen. Wenn man alles zeigt, verliert das Abwerfen der Schamgefühle seine Kraft der Übertretung, das Verlangen stirbt. Und was bleibt dann vom Spiel der Verführung?

«Eine Frau ausziehen. Nach und nach ihren Körper entdecken, das ist so, als wenn man Stück für Stück das Papier von einer Praline abstreift. Erst Silberpapier, dann Seidenpapier. Es knistert. Es raschelt. Das Herz klopft. Die Vorfreude des Auspackens, auf die kommt es doch an! Wenn man dir alles schon ganz nackt anbietet, vergeht dir doch der Appetit!», erläutert mir am Abend ein Berliner Libanese, dem ich nach der Rückkehr von meiner Wannsee-Expedition meine Bestürzung anvertraue. Sein Metaphern-Feuerwerk reißt mich mit. Ich bin so froh, dass ich endlich einen Seelenverwandten gefunden habe. Gemeinsam lästern wir über Frank, Sabine und den strengen Kioskwärter. Und wir kommen zum gleichen Schluss: Viel pikanter als diese ganze Fleischauslage ist doch die Frage: Was verhüllt das Badetuch des Franzosen?

Klassenkampf im Sand

Achtzehn Jahre lang habe ich meinen Sommerurlaub am Strand der ostfriesischen Insel Langeoog verbracht. Für mich war das ein kultureller Schock. Die Ferien meiner Kindheit habe ich an der Côte d'Azur verbracht. Langeoog, dreißig Kilometer von Wittmund entfernt, Carry-Le-Rouet, dreißig Kilometer von Marseille – Deutschland und Frankreich en miniature?

«In Frankreich geht es nun mal nicht ohne Regeln, sonst bricht sofort die Anarchie aus», erklärt mir die Managerin des Privatstrands Spiaggia Rina in Carry-le-Rouet. Sie führt mich zu der Liege, die ich für teures Geld gemietet habe. Ein gewichtiges Teil des französischen Strandrituals hatte ich schon hinter mir. Zwei Stunden war ich unterwegs gewesen: eine Dreiviertelstunde Autobahn, danach kurvige und verstopfte Landstraßen. Natürlich waren alle schattigen Parkplätze längst weg. Mein Wagen steht also in der Knallsonne. Wie es sich hier gehört, bin ich schon bei Ankunft meines Ziels erschöpft, und der Tag hat noch nicht angefangen.

Die Managerin sieht aus wie Gauguins Südsee-Frauen. Karamellgoldene Haut, himbeerrosa Minibikini und um die

Taille ein geknoteter Pareo. Ihre langen Haare hat sie im Nacken mit einem Seidentuch zusammengebunden. In einem Holzschuppen mit gelben Fensterläden lagern Liegen und Sonnenschirme für das winzige Dreieck Strand. Die Trikolore baumelt schlaff an ihrem Mast. Kein Wind, keine Wellen, dafür lauwarmes Mittelmeer.

Eine weiße Plastikplane markiert die Grenze zum kostenlosen öffentlichen Strand. Diese Linie trennt nicht nur zwei Badeterritorien, sie etabliert auch die Klassengesellschaft am Strand. Auf meiner Seite: die in Reih und Glied zur Sonne aufgestellten Liegen für die Bourgeoisie. Neben mir, Haut an Haut, sonnt sich ein Pariser Büroangestellter. Das «*Fool – Fuck – Forget*» auf seinem T-Shirt verkündet sein Programm für den Monat August. Ich frage mich, ob er sich in die falsche Klasse verirrt hat. Auf der anderen Seite der weißen Plastikplane: 300 Quadratmeter aneinandergenähte Frottétücher, ein vielfarbiger Flickenteppich fürs Proletariat. Der Strand ist bedeckt mit Schwimmreifen, Flossen, Bastmatten, Flip-Flops, Picknickkörben und Sonnencremeflaschen. 300 Quadratmeter Hölle, das sind immer die anderen. Und wenn die anderen am Sonntag aus Marseille kommen, wird es noch schlimmer.

«Alle schreien so rum. Man hört dann nicht mal mehr die Grillen!», sagt die Tahitianerin. Sie verachtet den Pöbel vor ihrem Zaun. Beide Lager kämpfen um jeden Zentimeter. Die einen schieben das Badetuch um eine Handbreit vor, die anderen schlagen den plötzlichen Durchbruch mit ihren Strandtaschen zurück. Auf meiner Seite haben wir das Privileg, über einen Teppich aus Kunstrasen direkt zum Wasser zu kommen. Die anderen haben einen Steinweg. Die Managerin hat sogar vor, Plastikpalmen aufzustellen, um uns vor den Blicken des Volkes zu schützen.

Wenn die Sonne den Zenit erreicht, sind wir in der Upperclass umzingelt. Das einfache Volk breitet seine Badetücher zu Füßen meiner Liege aus. Der Bote von der Pizzeria Morea erscheint auf seinem Vélosolex mit einem großen Weidenkorb. Er beliefert uns mit Croque Monsieur, Terrine Maison, Schinkensandwichs, Spießen, Steaks oder einer Karaffe mit kühlem Rosé. Wir liegen auf der Seite wie die alten Römer und beißen in unsere Lammspieße. Jenseits der Linie Chaos. «Hör endlich auf, Lola so anzuschreien», kreischt eine junge Frau im singenden Dialekt von Marseille. Mit ihren Plateausandalen trippelt sie über die Steine wie eine Tänzerin über das Seil. Zu spät, der genervte Ehemann hat Lola bereits eine Ohrfeige verpasst. Lola brüllt. Wir auf unseren Liegen heben die Augenbrauen.

Gegen Carry-le-Rouet ist Langeoog für mich eine Erlösung. Vierzehn Kilometer langer blonder Strand. Weit und breit kein Mensch. Dünen bis zum Horizont. Himmel mit Schäfchenwolken, so weit das Auge reicht. Endlich Platz. Endlich Ruhe. Autos gibt es auf der Insel nicht. Nur Fahrräder und einen lautlosen Elektrozug. Die Bedienung in der Imbissbude scheint direkt einem flämischen Gemälde entstiegen zu sein. Nichts von Gauguin. Kleine Schweißperlen blinken auf ihrer Stirn. Die Wangen glühen, die Augen brennen, und die Haut ist so weiß wie der Milchreis, den man bei ihr kaufen kann. Sie trägt eine ärmellose weiße Nylonbluse, orthopädische Sandalen und Söckchen. Diese Flämin ist eine Heilige. Niemals auch nur ein Anflug von schlechter Laune, niemals eine Klage, niemals eine Pause. Wenn das Wetter schlecht ist und die Kunden wegbleiben, nutzt sie die Gelegenheit und bügelt Tischdecken. Ihre Imbissbude bietet Schutz, sobald ein Platzregen die Badenden vom Strand vertreibt. Unter einer Plane beobachten wir den Himmel. Sie beruhigt uns: «Auf den Inseln dauert es nie lange!» Aber ich weiß genau, dass das graue Wetter sich festgesetzt hat. Es sind 16 Grad. Mitten im August ist man im tiefsten November. Der hohe Sommerhimmel hat sich verschlossen. Ein trister Nieselregen legt sich über die Dünen und über meine Laune.

Die Stimmungsmacher versuchen mich aufzumuntern: «Macht nichts. Sonne ist sowieso schlecht für die Haut. Es gibt kein schlechtes Wetter, es gibt nur schlechte Kleidung. Lass uns Karten spielen, lass uns einen Tee trinken, ist doch wunderbar ruhig hier ...» Stimmt eigentlich! In der Winterjacke ist es so gemütlich, und der Schal stört mich auch nicht. Ich kann abends den Wetterbericht nach der *Tagesschau* kaum abwarten, obwohl immer dasselbe vorhergesagt wird. Wer braucht schon Sonne?

Riesige Wellen donnern auf den Strand. Selbst an solchen Tagen bestehen manche darauf, im Meer zu baden. Das ist Ehrensache, «bei Wind und Wetter». Eingewickelt in Decken schaue ich zu, wie die Helden sich ins eisige Wasser werfen. Und sie jubeln sogar dabei. «Ach wie erfrischend! Herrlich!», rufen sie aus, wenn sie zurückkommen. Sie schütteln das Wasser von ihren blau gefrorenen Körpern ab: «Für die Abwehrkräfte gibt es nichts Besseres! Ein Sommer auf Langeoog, und du erkältest dich den ganzen Winter nicht, hundertpro!» Die Ferien dienen hier dazu, sich für den Winter zu rüsten, Krankmeldungen und Belastungen der Krankenkasse zu vermeiden. Ich bin beeindruckt, frage mich aber: Wissen diese Leute nicht, dass der Mangel an Licht und Sonne Depressionen auslösen kann?

Auf dem riesigen Bildschirm unter dem Vordach der Imbissbude erklimmen die Radfahrer der Tour de France eine Serpentine. Die Sonne knallt auf die Pyrenäen. Mein Herz zieht sich zusammen, wenn ich an den Sommer in Carry-Le-Rouet denke: die Siesta, das sanfte Plätschern der Wellen, das Rascheln der Lorbeerbäume und der Pinien, die reifen Pfirsiche und Melonen, das Zirpen der Grillen – jedenfalls solange die Leute aus Marseille nicht da sind. Den Stress der überfüllten französischen Strände habe ich längst wegretuschiert.

Die Stoiker von Langeoog haben sich in ihren Strandkörben vergraben und lesen dicke Romane. Von weitem erinnern die Körbe an ein Nomadenlager mitten in der Wüste. Aber das täuscht. Eigentlich herrscht auf dieser friesischen Sahara die nackte Verteidigung des Privateigentums. Der Strandkorb ist eine uneinnehmbare Festung, vom Rest der Welt durch eine Mauer aus Sand und einen Graben getrennt. Jedem sein Eigenheim, gut geschützt vor den Blicken der anderen. Mit Muscheln schreibt man den Namen seiner Stadt auf die Mauer: «Freiburg», «Dortmund», «Bielefeld». Manche hissen die Fahne ihrer Region. Schwarz-Rot-Gold habe ich am Strand von Langeoog nie gesehen. Andere kommen mit Gießkannen, um ihr Bollwerk zu festigen. In unserem ersten Sommer war ich voller Vorfreude zum Meer gerannt und damit auf das Befestigungswerk der Nachbarn getreten. Ein sonnengegerbter alter Herr war aufgesprungen: «Was soll das?» Er zeigte auf meine Fußabdrücke. Ich verstand nicht. Und musste mir erklären lassen, dass ich Privateigentum beschädigt hatte. Drei Wochen lang waren unsere nachbarlichen Beziehungen so kalt wie die Nordsee.

Auf Langeoog ist der Strand eine Enklave aus einer anderen Zeit, die Bundesrepublik der sechziger Jahre in konzentrierter Form. Keine Ausländer, außer den Besitzern der Eisdiele Pinese und manchmal eine gestrandete Schweizer Familie. Ein einziges Mal sah ich einen Afrikaner, weiß Gott, wie er dorthin gekommen war. In einem Ski-Anorak saß er im Strandkorb. Er bibberte und starrte auf den fernen Horizont.

Der Strand von Langeoog ist ein Abbild der deutschen Mitte: Paare, Familien, in denen die Frau meist nicht arbeitet und die Kinder um drei Uhr nachmittags zum Essen zu Hause sind. Das Bürgertum ist unter sich. Die hohen Preise der Insel halten das Fußvolk auf dem Festland zurück. Ab und zu wagen sich Tagesgäste auf die Insel. Strandkörbe kriegen sie aber nicht, weil die schon längst ausgebucht sind. Aber sie rächen sich, indem sie ihre Strandmuscheln aus Kunststoff direkt vor unserer Nase aufspannen. Klassenkampf auf friesische Art: distanziert, aber genau so hart wie in Carry-le-Rouet.

In den Strandkörben geht es dezent zu. Keine Spur von Minibikinis, Pareos, Fußkettchen, Piercings oder Tattoos. Die Mode des Monokini scheint das Watt nie überquert zu haben. Brasilianische Strings, Tangas, all diese minimalistischen Ornamente sind hier unbekannt. *Sea, sex and sun*, nein, das ist nicht die Devise von Langeoog. Dagegen: fit und gesund!

Der deutsche Strand erwacht im Morgengrauen. 8:00 Uhr: Sportabzeichen am Schwimmbecken. 8:30 Uhr: Langlauf. Zu dieser Stunde schläft der kleine Strand von Carry-le-Rouet noch. 10:00 Uhr: Frohe Zeit. Mit seligem Lächeln und umgehängter Gitarre sammeln die Strandmissionare vom Bibellesebund die Kinder um sich. Carry-le-Rouet ist vielleicht nicht gerade ein Beispiel von Demokratie, aber zumindest wird die Trennung von Kirche und Strand respektiert.

11:00 Uhr: Auf Langeoog gibt es Gymnastik für alle. Bauch, Beine, Po. Alle den Winter über vernachlässigten Körperteile werden gestrafft. «Hopp, hopp, hopp!», ruft die Trainerin mit

Baseballkappe. Die Sommerfrischler hüpfen auf einem Fuß, das andere Bein angelegt wie Flamingos. An den Tagen des Sportfests schleudern große, muskulöse Frauen schwere Kugeln über den Strand. Einmal habe ich bei diesem Wettkampf mitgemacht. Ich hatte ein großes gemeinsames Spiel erwartet, um leichter Urlaubsfreundschaften zu schließen. Stattdessen fand ich mich zwischen Sportskanonen in Trainingshosen wieder. Natürlich landete ich auf dem letzten Platz. Eine Schande, von der ich mich bis heute nicht richtig erholt habe. Drei Wochen lang stand mein Name am Ende einer Liste, die an der Außenwand eines Wohnwagens hing. Ohne Ironie nennt man ihn «Sportpalast». Während ich mich beim Gewichtheben blamierte, dachte ich an die Nymphchen von Carry-le-Rouet, die um diese Zeit gerade ihren ersten Espresso trinken.

13:00 Uhr: Auf Langeoog beginnt das Schlagballturnier, ein Sport, der für mich ebenso rätselhaft ist wie Cricket. Während man hier hinter dem Ball herhetzt, döst man in Carry-le-Rouet unter dem Sonnenschirm vor sich hin. 14:00 Uhr: auf Langeoog eine Partie Boccia. In Carry-le-Rouet startet die große Migrationswelle, die mit dem Mittagessen zu tun hat. Die Leute vom Morgen gehen, die vom Nachmittag kommen, auf den Schultern den Rucksack, in der Hand die Kühltasche, unter dem Arm den Sonnenschirm.

16:00 Uhr: Von Strandkorb zu Strandkorb werden Kontakte geknüpft und ernste Gespräche geführt: PISA-Katastrophe, demographische Katastrophe, Klimakatastrophe, terroristische Bedrohung. Tausend fundamentale Betrachtungen: Erziehung der Kinder, die heiklen Beziehungen zwischen Männern und Frauen, die Missstände im eigenen Land ... In Carry-le-Rouet handelt das Magazin *Jeune et Jolie* wesentlich frivolere Sorgen ab: «Sind Sie die Frau seiner Träume oder die Frau seiner Ferien?» – «‹Nein, nein, ich will nicht mit dir ins Bett.› Wie sage ich es ihm, ohne ihn zu ärgern?» – «Der Sommer ohne ihn. Wie soll ich das nur aushalten?» Man muss sich wirklich fragen, was von den Jahrzehnten feministischer Kämpfe im Land Simone de Beauvoirs übrig geblieben ist.

18:00 Uhr: «Hopp, hopp, hopp», skandiert die Trainerin auf Langeoog zur abendlichen Problemzonengymnastik. «Wie wäre es mit einem kleinen Aperitif?», flüstert der Pariser Büroangestellte auf der Nachbarliege, als die Sonne untergeht. Langeoog geht schlafen. In Carry-le-Rouet fängt die Nacht gerade erst an.

Mademoiselle und junge Frau

Eine Spezies der großen europäischen Artenvielfalt ist am Aussterben. Immer seltener, immer stärker bedroht. Dabei war die *vieille fille*, die alte Jungfer, bis vor kurzem eine fest eingeplante Rolle im Casting unserer Familien. Eine Tante oder eine Cousine, nie verheiratet, saß auf einem abgesonderten Ast des Stammbaums, am Rand des kompakten Tumults, den die anderen veranstalteten, mit ihren Bündnissen, ihren verwickelten Verwandtschaftsbeziehungen, ihrer Liebe und ihrem Hass.

La vieille fille oder, noch hübscher, *la vieille demoiselle*, das alte Fräulein, ist der elegante französische Ausdruck für diese untergehende Spezies. *Vieille*, weil ihr Fleisch trocken ist, ihr Haar spärlich und weiß, ihr Gang zögernd. *Demoiselle*, weil in ihrer Tiefe ein jugendliches Erzittern weiterlebt, weil ihr Jungfernhäutchen intakt blieb, weil ihr Körper nie von einer männlichen Hand bis zur Ekstase gestreichelt wurde. Wie ein Standbild in einem Film: Mitten in der Pubertät kam ihr Leben als Frau zum Halt. Sie erstarrte im Körper eines großen jungen Mädchens.

In der familiären Architektur bildeten diese geschlechts- und alterslosen Wesen eine wichtige Säule. Ihr selbstloses Multitasking war hoch geschätzt. Häufig wurde ihr Leben von der

Symbiose mit ihrer Mutter bestimmt. Sie pflegte die Gräber, die Kranken, die dementen Alten. Sie wachte über die Sauberkeit der Treppenhäuser, die Mottenkugeln in den mächtigen Kleiderschränken. Sie kümmerte sich um die Geranientöpfe in den dunklen Hinterhöfen, um die Haushaltskasse, die Erinnerungen und die Ehrsamkeit der Familienmitglieder. Für die überlasteten Familien war sie eine billige Arbeitskraft. Und wie sie hofiert wurde, wenn sie vermögend und ohne Erben war!

Meine hieß Tante Alice Théodora, nach ihrem Großvater Théodore. Nicht mal einen eigenen Namen hatte sie. Tante Alice wurde 1901 geboren, sie war bescheiden und fromm, ihr Status unklar, denn sie war weder Mutter noch Großmutter, noch Ehegattin. Ihr Mädchenpensionat Sacré-Cœur, das Klavier, im Sommer die Marmeladen, im Winter das Strickzeug, das ganze Jahr über die Stickerei … Sie war früher sehr hübsch, sagten wir, wenn wir ihre Jugendfotos betrachteten. Beim Gedanken an ihren Weihnachtsabend schmelze ich vor Zärtlichkeit: Auf dem Tisch am Eingang lag ihr altmodisches Hütchen. Schlag dreiundzwanzig Uhr setzte sie es auf ihre bläulich schimmernde Dauerwelle und steckte den Kopf durch die Esszimmertür, wo die ganze Familie beim Festmahl saß. Jedes Jahr ging Tante Alice allein zur Mitternachtsmesse. «Ich werde für euch Heiden mitbeten!», rief sie lachend. Ein bitteres Lachen. Erst später habe ich verstanden, wie sehr sie sich gewünscht hätte, dass jemand sie an diesem Abend begleitete, sie in ihrem unerschütterlichen katholischen Glauben begleitete.

Tante Alice hatte ein Idol: Mireille Mathieu. Ausgerechnet Mireille Mathieu in dieser Familie, in der die anarchistischen Sänger verehrt wurden! Und Tante Alice hatte eine heimliche Liebe: Papst Johannes Paul II. Ganz sicher sublimierte sie durch die Religion die Traurigkeit ihres so unsinnigen Lebens. Als ich eines Tages in der Kirche Santa Maria della Vittoria in Rom Lorenzo Berninis Skulptur «Verzückung der heiligen Theresa von Avila» entdeckte, dachte ich sofort an Tante Alice in ihren letzten Lebenstagen. Es war Ostern. In einem für ihren kleinen Körper viel zu großen Bett lauschte sie mit halb geschlossenen Augen der Fernsehpredigt des Papstes. Teilte sie mit der heiligen Theresa diese an Besinnungslosigkeit grenzende religiöse Erfahrung? Merkwürdig, wie sehr die Nonnentracht der Heiligen dem groben baumwollenen Nachthemd von Tante Alice ähnelte. Die heilige Theresa hatte ihren Engel. Meine Großtante hatte ihren Papst.

Welche Frau wollte heute ein solches Leben im Dienst der anderen führen? Heute sind die Witwen lustig, die Rentner Globetrotter, die polygamen Singles lassen sich mit viagrabelebten Männern ein ... Und ich kenne keine Frau mehr, die von den Engeln oder vom Papst träumt! Die heute so anachronistischen *vieilles demoiselles* gehören ins Familienmuseum.

Die *Mademoiselle* dagegen hat mit der *vieille demoiselle*, dem alten Fräulein, nichts zu tun. «Mademoiselle», schrieb mir vor Jahren der Sachbearbeiter meiner Pariser Krankenkasse, «ich habe Ihren Brief bezüglich Ihres versicherungsrechtlichen Status erhalten ...»

Mademoiselle ... auf der Stelle fegte der Charme dieses Wortes die endlose Liste der zu beschaffenden Unterlagen vom Tisch. *Mademoiselle* erdrückte mich keineswegs angesichts der bürokratischen Last, o nein. Strahlend verließ ich das Haus, das ganze Leben lag vor mir. Vergiss Botox und Lifting, sagte ich mir, wie ich so über die Trottoirs tanzte. Stürz dich in einen Schriftverkehr mit der Sécurité sociale, und schon bist du zwanzig Jahre jünger, gratis und ohne Nebenwirkungen.

Wenn man im Exil lebt, kommt es vor, dass das eigene Land

absurde Entscheidungen trifft. Eine hat mich ganz besonders aufgeregt: Irgendein Premierminister hat das Feld *Mademoiselle* in offiziellen Formularen abgeschafft. Ein Sieg der feministischen Organisationen in Frankreich, die die Unterscheidung zwischen unverheirateten und verheirateten Frauen als Diskriminierung ansahen. Ratlos stürzte ich mich ins Internet, um mir Klarheit zu verschaffen und die Argumente beider Seiten zu verstehen. In einem Chatroom entdeckte ich einen Lkw-Fahrer aus Angoulême, der mir aus dem Herzen sprach: «Warum kümmert die Regierung sich nicht lieber um die Arbeitslosigkeit, als so einen Scheiß zu verzapfen!» Bravo!, stimmte ich zu und stellte mir den Macho mit seinen massigen Armen vor, diesen Mann, mit dem ich mich so plötzlich verbündete.

Zum ersten Mal wurde ich Mademoiselle genannt, als ich in die Oberschule kam. Ich war elf Jahre alt und mit einem neuen Füller, einem Faltenrock und Kniestrümpfen ausgestattet. Ich war stolz auf den neuen Titel und das «Sie», das unsere Lehrer uns zugestanden. Der Übergang von der *Mademoiselle* zur *Madame* fand wesentlich später statt. Denn *Madame* muss man sich verdienen, man muss Fältchen um die Augen und schon einiges erlebt haben. *Madame* ist eine Ehrung.

Auf die Gefahr hin, gelyncht zu werden, muss ich Ihnen gestehen, dass ich das Wort *Mademoiselle* liebe. Es ist so luftig mit seinen endlosen ll. Eine Höflichkeitsbezeugung, auf die auch viele emanzipierte Frauen nicht verzichten wollten. Coco Chanel ließ sich ihr Leben lang als *Mademoiselle* ansprechen. Traditionell werden die Schauspielerinnen der Comédie-Française *Mademoiselle* genannt, ganz gleich wie alt sie sind. Yves Montand hat ein wunderschönes Lied über eine *Demoiselle* gesungen, am Kirmessonntag auf der Schaukel, die Röcke im Wind. *Mademoiselle* gehört zum französischen Kulturerbe.

Die deutschen Frauen, emanzipierter als wir, wenn es um die Befreiung des Wortschatzes geht, haben die Initiative ergriffen. Seit 1972 ist das Wort *Fräulein* aus der Alltagssprache verbannt. Nur reaktionäre Patresfamilias machen den Ihren Schande, wenn sie im Restaurant in die Hände klatschen und vom *Fräulein* die Rechnung verlangen. Aber warum versucht die französische Regierung geradezu zwanghaft, die Deutschen in allen Bereichen nachzuäffen? Ich mag das Wort *Frau* nicht, so trocken, so wenig feminin, so guttural.

Die Engländer haben ihren ganz eigenen Ausweg gefunden, um nicht in die Falle des Sexismus zu stolpern. Sie bezeichnen die Frauen als *Ms*, eine Kreuzung zwischen *Mrs.* und *Miss*, eine Art Summen, wie von einer nervtötenden Fliege. Zu solchen Absurditäten führt es, wenn man versucht, die Gesetze der Geschlechtergerechtigkeit auf die Sprache zu übertragen!

Die wahren Gentlemen, die einzigen – ich weiß natürlich, dass Sie das überraschen wird –, die einzigen, die noch wissen, wie man mit einer Frau von heute spricht, wie man sie verführt und beflügelt … die einzigen sind die Berliner. Nein, nein, ich leide nicht an Realitätsverlust und auch nicht an Hörproblemen. Seit ich in Berlin lebe, und jedes Jahr ein bisschen mehr, zucke ich vor Freude zusammen und erröte leicht, wenn der Fleischer mir ein «Tschüss, junge Frau» nachruft. Lange Zeit habe ich diese Anrede als Kompliment interpretiert. Bis zu jenem verhängnisvollen Tag, als vor mir in der Warteschlange, zwischen Schweinefilets und Frankfurter Würstchen, eine sehr alte Dame, eine echte Demoiselle vielleicht, gefragt wurde: «Was soll's sein, junge Frau?» An diesem Tag fingen die Uhrzeiger an, sich rasend schnell zu drehen. Ich habe mich den Tatsachen gebeugt: Nicht einmal die Wörter können die Zeit anhalten.

Macarons XXL

Schluss mit Madeleines, Croissants, Baguettes ... heute wird Frankreich in Deutschland durch ein kleines rundes Gebäck verkörpert, glatt und fein wie Perlmutt. Pastellfarbene Haut, lindgrün, altrosa, zitronengelb. Ein Herz aus weicher Buttercreme. Das Macaron ist so hübsch, dass man sich beinahe schuldig fühlt, wenn man es im Mund zermalmt. Man sollte es wie eine Hostie auf die Zunge legen, andächtig, mit geschlossenen Augen. Wie unpassend, sich seine Reise durch die Windungen des Verdauungsapparats vorzustellen. Denn in erster Linie ist das Macaron eher für die Augen als für den Darm gedacht. Dieses Gebäck ist zu schön, um gegessen zu werden. Ein Kunstwerk. In Frankreich, wo es geschaffen wurde, nennt man seinen Hersteller nicht Patissier oder Bäcker. Er nennt sich Schöpfer, *un créateur de macarons*.

Macarons soll man am besten sofort essen. In Deutschland hat man das noch nicht mitbekommen. In ihrem Büro mit Blick auf den Reichstag hatte eine bekannte Fernsehmoderatorin zwischen Tageszeitungen und einem Stapel Einladungskarten eine Schale mit Macarons auf dem Kaffeetisch. Sie schob die Schale zu mir herüber und sagte: «Ich habe sie vorige Woche aus Paris mitgebracht. Bitte!» Sie war so stolz. Während ich zögerte, knabberte sie schon an einem Macaron au café wie ein Vögelchen. Allerdings halten Macarons nur zwei Tage, im Kühlschrank. Ich lächelte, nahm mir ein giftgrünes Macaron und schluckte es hinunter. Ich schmeckte nichts. Natürlich sagte ich: «Köstlich!»

Das ist eine der enttäuschenden Folgen der Globalisierung: Heute findet man alles überall. Noch vor ein paar Jahren hielt ich auf dem Rückflug von Paris vorsichtig eine kleine lindgrüne Schachtel von Ladurée, dem Tempel der Macarons in der französischen Hauptstadt, auf den Knien. Ich freute mich schon, mit meinem Dutzend Macarons bei meinen Gastgebern angeben zu können. Ich hörte schon die entzückten Ausrufe: «Ah, ein Gedicht! So durch und durch französisch!» Wie die italienischen Walderdbeeren, der englische Farmerkäse Cheddar oder die Trüffeln aus dem Périgord waren die Macarons eine Urlaubserinnerung. Aber sobald sie daheim auf dem Küchentisch lagen, hatten sie ihren Zauber verloren. Keine Ahnung, warum. Außerhalb ihrer gewohnten Umgebung verblasste ihre Magie.

Ich kann nur davor warnen, sich in der eigenen Küche an die Produktion von Macarons zu trauen. Macarons sind nicht Sache des Bastlers. Sie vertragen keine schlechte Kopie. Ich habe ihnen einmal einen ganzen Winternachmittag gewidmet und bis zum letzten Komma das Rezept in dem Kochbuch mit dem trügerischen Titel *Die französische Patisserie leicht gemacht* befolgt. Der Verfasser verschwieg die Tatsache, dass ein Macaron der Mount Everest der Patisserie ist. Der höchste, schwierigste, gefährlichste Gipfel. Das ist nicht unbedingt zu ahnen, wenn es so hübsch, so kostbar, so zerbrechlich auf einem Spitzendeckchen im Schaufenster einer Patisserie liegt. Er erinnert mich an die wunderschönen Weihnachtsplätzchen in den Sonderausgaben der Frauenzeitschriften, die Ende des Sommers erscheinen. Draußen sind noch 26 Grad Celsius im Schatten, und abends bilden sich lange Schlangen vor den italienischen Eisdielen. Auf Fotos sieht das Gebäck einfach umwerfend aus. Juwelen aus Mandeln und Zimt. Man nimmt sich fest vor, sie für Weihnachten nachzubacken. Monatelang hebt man die Hefte im Küchenregal auf, um sich an einem Dezembernachmittag voll Übermut in das Abenteuer zu stürzen. Man beachtet die Anweisungen buchstabengetreu. Man dosiert gemahlene Mandeln und Puderzucker auf das Milligramm genau. Man bewahrt die Ruhe. Man beweist Fingerspitzengefühl. Man bleibt unerschütterlich optimistisch. Vergebliche Mühe. Wenn die Plätzchen aus dem Ofen kommen, haben sie mit den Zeitschriftenfotos keine Ähnlichkeit. Statt eines Meisterwerks hat man formlose Häufchen. Das ist das Gleiche mit Macarons. Nie habe ich den Gipfel erreicht. Ich bin schon ins Rutschen geraten, bevor ich überhaupt die ersten Meter geklettert war. All die Mühe in der Küche umsonst. Die Macarons kamen aus dem Backofen, so platt und hart wie die Steine am Strand. Und pastellfarben waren sie auch nicht.

Ein Macaron ist die Upperclass-Version eines Mon Chéri. Dabei galt ein Mon Chéri einst als eine exklusive französische Süßigkeit aus den sechziger Jahren. «Mon Chéri – wer kann dazu schon nein sagen», so die Werbung. Nur dass Mon Chéri von der italienischen Firma Ferrero am Fließband hergestellt werden und in jedem Supermarkt und sogar an der Tankstelle zu kaufen sind. Schon lange steht der schwarze Schokoladenwürfel nicht mehr für französisches Raffinement. Ein Macaron dagegen ... Welch trauriges Bild bietet die in Kirschlikör getauchte Piemontkirsche im Vergleich zum phantasievollen

Reichtum der Macarons: Neben den Klassikern Erdbeere, Karamell, Schokolade oder Vanille gibt es eine ganze Palette kühner Kreationen: Veilchen, Lakritz, Pistazie, auch gewagte Kombinationen: Pfirsich-Rose, Limone-Basilikum, Praliné-Yuzen, Cassis-Lakritz.

Das Problem in diesem nicht gerade verschwenderischen Land: Ein echtes Macaron ist so groß wie ein Zwei-Euro-Stück und kostet ein Vermögen. Es stellt das hochheilige Preis-Leistungs-Verhältnis auf den Kopf. Ein winziger Mundvoll Zucker und Mandeln, teuer wie Gold. Das verkauft sich niemals!, dachten einst die deutschen Konditoren. Deshalb passten sie ihre Macarons den Kunden an: größer, schwerer, bauchiger als das Original. Manchmal sogar doppelt so groß und doppelt so ungesund. In München war ich entsetzt, als ich ein Monster aus Rohzucker und Naturfarben entdeckte. Es nannte sich Bio-Macaron aus Paris. Daneben Müslipackungen und Vollkornnudeln. In Deutschland haben es Hedonisten nicht immer leicht.

Wie ein Profiterole oder ein Petit Four ist das Macaron eine exklusive Miniatur. So chic und so chichi. Ich muss zugeben, dass ich manchmal dem guten alten Sandkuchen nachtrauere oder dem ehrlichen Berliner Plunder mit Pudding, auch der Schwarzwälder Kirschtorte. Das sind handfeste Genüsse. Mit der Schwarzwälder Kirschtorte bekommt man wenigstens etwas für sein Geld! Dieses von einer kandierten Kirsche gekrönte Bauwerk aus Sahne, Biskuit, Kirschen und Buttercreme ist die Sättigungsbeilage der Patisserie. Stellen Sie eine Schwarzwälder Kirschtorte und ein Macaron nebeneinander, und schon haben Sie Kohl und Mitterrand händchenhaltend in Verdun. Der massive Kanzler und unser kleiner Präsident.

Welcher Abgrund klafft zwischen diesem letzten Zipfel von

Luxus und der sozialen Wirklichkeit meines von Krisen und Selbstzweifeln geschüttelten Landes. Deutschland sollte sich nicht einschüchtern lassen von einem Schönling. Ein Macaron ist ein Hochstapler. Er lügt über den Zustand meines Landes. Nur die feinsten Patisserien halten den Mythos von Frankreich als Hüterin der Raffinesse und des guten Geschmacks am Leben.

In den letzten Jahren ist in Deutschland eine weitere französische Spezialität in Mode gekommen, der Flammkuchen. Eine elsässische Spezialität. Ich bin nicht grundsätzlich gegen unkonventionelle Verbindungen. Es gibt Paare, an die zu Beginn niemand glaubte und die dennoch Jahrzehnte halten. Auf den ersten Blick scheint nichts zu stimmen – und trotzdem klappt es. Zum Beispiel Lamm und Minze. Zwei Wesen von eigenwilligem Charakter, die ihre goldene Hochzeit schon vor einer Ewigkeit gefeiert haben. Wer hätte dieser Liebe eine Chance gegeben? Ein Tier und eine Pflanze. Oder der legendäre Gin Tonic. Die beiden können voneinander nicht lassen. Sie treffen sich Abend für Abend in den Bars. Noch unwahrscheinlicher: Foie gras und schwarze Schokolade. Eine Fürstenehe, so extravagant und so subtil. Sauerkraut und Seeteufel, ein verrückter Ehebruch und dabei so zart! Sehen Sie nur, wie sie sich schwarzärgern, Eisbein, Frankfurter Würstchen und andere Schweinereien, weil sie mit einem blassen Fisch betrogen wurden.

Aber, und da darf man sich nichts vormachen, es gibt auch unglückliche Ehen. Diese *fatal attractions*, diese gefährlichen Liebschaften, zerstörerisch und zum Scheitern verdammt, die nie hätten geschehen dürfen. Flammkuchen und Ananas zum Beispiel. Ich bin Elsässerin, und wann immer ich auf einer

Speisekarte die Deklination der Flammkuchen lese, sehe ich rot. Flammkuchen mit Apfel, mit schwarzen Oliven, mit Kräutern der Provence, mit Ziegenkäse ... Aber die widernatürlichste Kombination ist der Flammkuchen mit Ananas. Elsass und Karibik gehen gar nicht. Und dann auch noch Ananas aus der Dose. Nein und dreimal nein!

Wie Sie sehen, bin ich ultrakonservativ. Ich stehe in diesem Punkt zu meiner Überzeugung: altmodisch! Nicht experimentierfreudig! Langweilig! Von der kulinarischen Globalisierung abgehängt! Vor kurzem habe ich gelesen, dass die Griechen für den Schutz einer Käsesorte auf die Straße gegangen sind. Der Feta-Käse aus Schafs- und Ziegenmilch ist ein wichtiger Teil ihres kulturellen Erbes, sagen sie. Man müsse alle Imitationen weltweit «nach Feta-Art» nennen. Endlich ein Aufstand! Was für ein schöner Ausbruch von Nationalstolz! Auch Frankreich könnte für den Schutz des Croissants auf die Barrikaden gehen. Ja genau, sprechen wir über das Croissant.

Laugencroissant – das kann man mit einer Brezel machen, nicht aber mit einem Croissant! Mit Käse überbacken ... ich kriege die Krise! Buttercroissant ... Buttercroissant? Woraus sollen die Croissants denn sonst bestehen? Bio-Croissants ... eine schwere Entgleisung. Nein, das Croissant ist wie das Macaron weder gesund noch bio. Es ist fett (mit Butter, jawoll!), aber leicht und luftig. Es schmilzt auf der Zunge, ist knusprig zwischen den Zähnen und lässt sich später auf den Hüften nieder. Nicht wie diese Bio-Croissants mit Vollkornmehl, schwer wie Briketts, trist, so trist. Wie der Name schon sagt, muss es wie eine Mondsichel in einer Sternennacht aussehen. Nicht wie diese aufgeblähten, weichen, dickleibigen Wale, die in den Schaufenstern der deutschen Bäckereien gestrandet sind.

Ich fordere für Macarons, für den Flammkuchen und das Croissant Markenschutz, *appellation contrôlée!* Schließlich genießt der Champagner ihn auch. Griechen, Franzosen, wir, die Armen Europas, vereinigen wir uns! Ich weiß, dass die Deutschen uns unsere Apathie vorwerfen, die Unfähigkeit, unsere Länder von Grund auf zu reformieren. Ich weiß, dass sie genervt sind, wie wir uns an Traditionen und Privilegien klammern. Aber bei Croissant und Feta hört der Spaß auf. Da werden wir niemals nachgeben! *No pasarán!*

Zwei Spatzen aus Paris

Im französischen Restaurant in Hamburg. Leckeres Essen. Heitere Gespräche. Makellose Bedienung. Beim Bezahlen bedanken wir uns für die ausgezeichnete Kalbsleber mit Perlzwiebeln, den hervorragenden Bordeaux und den schnellen Service. Wir versprechen wiederzukommen, und ich sage noch: «Nach der Zwangsbeschallung in Berlin ist die hanseatische Zurückhaltung besonders angenehm. Ein wunderbarer Abend, danke!» Wir mussten weder schreien noch Gebärdensprache benutzen. Die Worte flogen von einem Tischende zum anderen wie der Ball über den Centre Court in Wimbledon. Beim Hinausgehen eilt der Kellner hinter uns her. Er entschuldigt sich: «Es ist uns wirklich unangenehm, die Stereoanlage ist defekt. Das nächste Mal hören Sie Édith Piaf, versprochen.»

Ich gebe zu: Ich leide an einer chronischen Allergie gegen Piaf im Restaurant. Ich ertrage ihr gerolltes «R» nicht mehr, die schluchzenden Geigen, das Knistern der alten Aufnahmen. Zu viel Gefühl, zu viel Drama, zu viel unglückliche Liebe. Ich müsste mich eigentlich schämen, schließlich ist Piaf eine französische Heilige. Trotzdem: Ich mag sie nicht. Was an Hochverrat grenzt. Egal: Bitte, bitte, nie wieder Piaf in einem Lokal! Aber niemand hört mich, denn Piafs verrauchte Stimme gehört zu den französischen Restaurants wie Bœuf bourguignon, Schnecken und Tarte Tatin. Nur dass Piaf nicht auf der Karte steht. Sie wird automatisch zum Aperitif serviert und verfolgt einen bis zum Digestiv. Wer will denn etwas von Herzschmerz hören, wenn er den Löffel ins Mousse au Chocolat steckt? Stellen Sie sich als Deutsche vor, jede Rote Grütze käme mit einem ordentlichen Schuss «Davon geht die Welt nicht unter» von Zarah Leander. Ich habe genug von Restaurants, in denen man meint, ein Spiel spielen zu müssen, das da heißt «Französischsein». Dazu bedient man sich in der Requisitenkammer der Klischees: Baskenmütze, Matrosenhemd, rot-weiß karierte Tischdecken ... und Piaf. Aber so sieht es bei uns in Frankreich seit Jahrzehnten nicht mehr aus. Es ist, als seien die Uhren stehengeblieben und das Land hätte sich seit den fünfziger Jahren nicht verändert. Das machen Restaurants aber gern im Ausland: einen Zustand in Formaldehyd konservieren, um einen Mythos zu bedienen. Beim Italiener sind es Fischernetze und bastumwickelte Chianti-Flaschen. Beim Griechen überdimensional große Fotos von der Akropolis und der Sirtaki-Ohrwurm.

Die Piaf hat meine Mahlzeiten in Berlin, London, Neu-Delhi und sogar in Bobo-Dioulasso, im tiefsten Afrika, begleitet. Wir waren den ganzen Tag lang durch die Steppe von Burkina Faso gefahren. Ein halbes Dutzend zusammengepresste Passagiere in einem Sammeltaxi, dabei zwei Säuglinge an der Brust ihrer Mütter und ein Käfig voller Hühner. Hitze, Staub, Schlaglöcher, Benzin- und Schweißgeruch. Ich war zum Essen bei einem französischen Entwicklungshelfer in Bobo-Dioulasso eingeladen. Freunde aus Burkina Faso waren auch dabei. Spät am Abend, auf der Terrasse unter dem Sternenhimmel, sangen wir den Piaf-Schlager *Mon manège à moi*. Die Afrikanerinnen wiegten die Köpfe im Takt. Sie kannten den Text auswendig. Die Piaf gehört zu den Basics ehemaliger französischer Kolonien. Daran war anscheinend nicht zu rütteln. Das Lied folgte mir auch bis in die tiefste DDR, in eine Gaststätte in Eisenach. Sie diente als Beilage zu einem grauen Stück Fleisch unter einer dicken Sauce.

In der Sarkozy-Ära hatten wir Franzosen im Ausland eine kurze Pause. Die Piaf, 1,47 Meter, wurde von der First Lady, 1,76 Meter, entthront. Der Spatz von Paris von der Gazelle von Turin gestürzt. Carla Bruni hauchte ihre Balladen mit sinnlicher Stimme und kraulte dabei ihre Gitarre. Aber die Bruni ist schon wieder out, und die Kurtisanen der folgenden Präsidenten, die doch immerhin für Abwechslung sorgen könnten, singen nicht. Somit ist Piaf wieder auf unseren Tellern gelandet.

In Hamburg, Bobo-Dioulasso und Eisenach singt also weiter der Spatz von Paris. Und er ist leider nicht allein. Auch Mireille Mathieu führt hier eine Zombie-Existenz. In Frankreich wird sie nur entmottet, wenn ein Präsident sie zum Singen der Marseillaise braucht. In Deutschland trällert sie aus jedem französischen Restaurant, das eine Musikanlage besitzt. Ja, Sie haben richtig gelesen: Mireille Mathieu! Schuhgröße 33, festbetonierte Topffrisur eines Playmobil-Männchens, weiße Klaviatur der Zähne, kirschroter Lippenstift, kein Sex, immer nett. Spatz Nummer zwei. Sie hat keine einzige Falte, keine Krähenfüße, keine Polster rund um die Hüften, und von ihren Angestellten lässt sie sich nur als «Mademoiselle» anreden. Ein Naturwunder. Eine andere Inkarnation Frankreichs. «Ich bin stolz, Frankreich in der Welt zu vertreten», sagt Mireille Mathieu. In Deutschland geht diese Mission auf die sechziger Jahre zurück. Der Krieg ist noch nicht sehr weit weg. De Gaulle und Adenauer bemühen sich, ihre Völker miteinander zu versöhnen. Und für ihren General, den vermutlich einzigen Mann ihres Lebens, gibt Mireille den Friedensspatz. Sie reist kreuz und quer durch Deutschland, um die Liebe zu predigen. Die Liebe mit immer roten Rosen. *Je t'aime, tu m'aimes. Au revoir heißt nicht Adieu.* Mireille ist fleißig, ultrakatholisch, sehr konservativ. Im Konzert trägt Mademoiselle immer das Kreuz von ihrer Erstkommunion. Und viele Jahre hat ihre alte *Maman* Marcelle sie auf Tournee begleitet, mit einer Knoblauchzehe in der Handtasche, um bei kleinen Verletzungen schnell helfen zu können. Mireille Mathieu ist bis heute das Frankreich General de Gaulles. Ende der siebziger Jahre thront ihre Gipsbüste in jedem Rathaus. Mireille Mathieu, eine Jakobinermütze auf den Pony gestülpt, ist Marianne, die Allegorie der Republik. Diese Ehre teilt sie mit Brigitte Bardot und Catherine Deneuve. Das hat Spatz Nummer eins nie geschafft.

Mord in der Philharmonie

*I*n einem Konzertsaal sitzt fast immer ein Ahnungsloser, der zur Unzeit, zwischen zwei Sätzen, donnernd applaudiert. Der Dirigent hat für ein paar Sekunden den Taktstock sinken lassen. Er will gerade zum Flug über die Partitur abheben, als irgendwo in der Tiefe des Saals zwei enthusiastische Hände die Stille zerreißen. Passiert so etwas in der Berliner Philharmonie, einem der weltweit bedeutendsten Tempel der Musik, ist es eine Katastrophe. Ich krümme mich auf meinem Sitz und tue so, als ob ich gar nicht da wäre.

Es ist ein wenig wie das Handy, das mitten in der Eucharistie klingelt, oder wie der laut knurrende Magen im Theater. Ein unpassendes Geräusch. Ein Skandal. Ich schäme mich fremd. Ich bete darum, dass diese Qual rasch aufhört. Manche tun so, als würden sie nichts hören. Manche zucken mit den Schultern oder murmeln ärgerlich: «Also bitte! Das ist erst der zweite Satz!» Manche zischen «Psst!» und machen damit alles noch schlimmer. Der Maestro hält mitten in der Bewegung inne, wartet darauf, dass sich wieder Ruhe über den Saal legt. Ich frage mich, was ihm durch den Kopf geht. Die Violinbögen hängen in der Luft. Die Hände des Pianisten schweben über den Tasten. Weiter hinten wagen die Trompeten und die Hörner nicht, die Luft aus ihren aufgeblasenen Backen strömen zu lassen. Selbst Mozart hält den Atem an. Er traut seinen Ohren nicht. Eine kurze Unterbrechung, und es geht weiter. Als wenn nichts gewesen wäre.

Womöglich mache ich mir eine Menge Feinde, wenn ich zugebe, dass mich diese skandalösen Intermezzi zärtlich berühren. Aus den Augenwinkeln sehe ich aufgebrachte Bildungsbürger. Denn hier zeigt sich nicht die Lästigkeit der Kommunikation (Handy in der Messe) oder die Unergründlichkeit des Körpers (Magenknurren im Theater), sondern, viel schlimmer!, der Enthusiasmus des Banausen. Seine musikalische Naivität.

Für den Herrn und seine Gattin, die auf ihren Abonnementsplätzen thronen, bilden musikalische Früherziehung und vierhändig gespielte Weihnachtslieder am Heiligen Abend unverzichtbare Etappen eines gesellschaftlichen Parcours. Im Konzertsaal – das hatten sie jedenfalls geglaubt, bevor dieser unverschämte Mensch sich an den Regeln verging – ist man von seinesgleichen umgeben. Und auch wenn die Philharmonie die klassische Musik allen zugänglich machen möchte – das geht entschieden zu weit! Einen Eindringling will man deshalb noch lange nicht dulden.

Außer dass er über den Wolken schwebt und es zeigt. Es ist ein Ausbruch kindlicher Freude, der weder die Takte zählt noch die Sätze nummeriert. Ein Freudenschrei. Da! Jetzt! Weil es so schön war und bevor es wieder anfängt. Ich muss dem Orchester unbedingt zeigen, wie sehr mir sein Spiel gefällt. Ich bin völlig verzaubert. Ich klatsche. Wie die Kinder, die die Szenen im Kasperletheater lautstark kommentieren. Ihr Schreien, ihr Beifall, ihr «Pass auf! Da kommt er! Hinter dir!», um ihren Helden vor dem Polizisten mit dem Knüppel zu warnen.

Keine Angst: Das ist kein Plädoyer für entfesselte Gefühlsausbrüche, für Aufsässigkeit in der Philharmonie. Auch kein Appell für Applaus zwischen den Sätzen einer Symphonie. Ich bin kein Fan der Kakophonie, und vor allem will ich kein Hausverbot bei dieser wunderbaren Institution riskieren. Dennoch: Ein spontaner Beifall hat doch nichts zu tun mit dem Hustenanfall, dem lauten Räuspern, den raschelnd umgeblätterten Seiten des Programmhefts, dem Flüstern mit den Sitznachbarn und anderen kleinen, schwer erträglichen Störungen. Ich glaube sogar, dass Mozart sich darüber gefreut hätte.

Ich gebe auch zu, mitten in einer Klaviersonate an Mord gedacht zu haben. Aber nicht wegen eines verirrten Beifalls. Der Hustenbonbon ist viel schlimmer. Wer wäre noch nie kurz davor gewesen, sich mit einem Ruck umzudrehen, zum Sprung anzusetzen und – peng – zuzuschlagen. Und wie! Ich bin zu einer solchen Aggression fähig. Ein Fausthieb direkt auf die Nase der Zuhörerin in der Reihe hinter mir. Das Blut strömt. Der Körper sackt zusammen. Sofort empfinde ich Erleichterung. Im Konzert schlummert ein Mörder in jedem von uns.

Es hat schon vor einer Weile begonnen. Ich bin gefangen, verzaubert, schwebe in einer Welt aus Klängen und Träumen. Meine Augen hängen am Orchester. Der Geist ist fern, weit weg von dem vollen Saal. Und plötzlich macht sich direkt hinter mir eine Dissonanz bemerkbar. Zunächst kaum wahrzunehmen, schwillt sie an und zerrt mich allmählich aus meiner Ekstase. Was passiert direkt hinter meinem Ohr? Die Dame hat einen Frosch im Hals. Er kitzelt ihre Kehle. Die Dame möchte sich nicht räuspern, sie unterdrückt einen Hustenanfall, läuft rot an, ihre Augen füllen sich mit Tränen, sie windet sich. In der

Hoffnung auf eine schnelle Erlösung zieht sie aus ihrer Handtasche, klack, klack macht es, ein Hustenbonbon. Balsam mit Eukalyptusöl. Aber leider muss die Dame zuerst das Bonbon von seiner Verpackung befreien, und das geht nun mal nicht ohne Krach. Statt das Ganze mit zwei schnellen Griffen zu erledigen, zögert sie. Sie will nicht stören. Ganz vorsichtig entkleidet sie das Bonbon. Das Papier knistert und knistert und knistert. Nichts anderes ist mehr zu hören. Ein Akkord im Piano. Es knistert. Ein Klarinettensolo. Es knistert. Man müsste das Papier einfach abreißen wie das Pflaster von einer Wunde. Ein kräftiger Ruck – und die Ohrenqual wäre vorbei. Aber nein, die Husterin will es gut machen sie strengt sich an, sie bemüht sich, keinen Lärm zu machen, und verlängert damit mein Elend.

Und so erwacht meine Mordgier. Wie gern würde ich der Husterin das Bonbon aus der Hand reißen, es auswickeln, das Papier unter den Sitz werfen, ihr das Bonbon in den Mund stopfen. Schließlich bin ich nicht da, um das Geräusch von raschelndem Papier zu hören.

Ich bin nicht allein damit, das beruhigt mich. Ich erinnere mich an einen Liederabend im Winter. Die Philharmonie hatte sich in ein Sanatorium für Lungenkranke verwandelt. Zornig unterbrach Thomas Quasthoff seinen Abend. Er verließ die Bühne mit den Worten an die Huster: «Das hat Schubert nicht verdient!»

Inzwischen hat die Dame ihr Bonbon befreit. Sie steckt es in den Mund. Fertig! Endlich! Langsam entspanne ich mich. Aber da kommen von hinten Sauggeräusche. Das feuchte und regelmäßige Schnalzen der Zunge gegen den Gaumen. Spätestens in diesem Moment drehe ich mich mit einem Ruck um, setze zum Sprung an und schlage zu. Und wie!

DDR, mon amour

Kulissen von Gustave Doré. Diese Assoziation kam mir in den Sinn. Es war der Frühling 1990. Vom Café Orbit aus, in der zehnten Etage des Interhotels Kosmos, entdeckte ich das Panorama von Erfurt. Natürlich musste man sich die Silhouette der Plattenbauten am Juri-Gagarin-Ring wegdenken und auch vergessen, dass im Zimmer nebenan eine sowjetische Delegation die ganze Nacht gesungen und Wodka gekippt hatte. In der Ferne konnte ich die Ziegeldächer der Altstadt sehen. In langen Bändern stieg der Rauch der Kohleöfen aus den Schornsteinen, die Kirchtürme bohrten sich in den Himmel. Der milchige Nebel des frühen Morgens verschleierte diese städtische Landschaft aus einer anderen Zeit. So kam es, dass mir Gustave Dorés Märchenillustrationen einfielen. Heute ist mir klar, dass es viel Phantasie – oder Wodka im Blut – braucht, um eine Ähnlichkeit zwischen Dorés mittelalterlichen Städten und dieser real existierenden Stadt in Thüringen zu erkennen. Und doch legte ich diese romantische Folie auf die Orte, die ich bei meinen Streifzügen durch die DDR entdeckte. Die DDR lag im Sterben, und erst in dieser Zeit stellten wir Franzosen fest, dass es da noch ein anderes Deutschland gab.

Denn unser Deutschland, das war Westdeutschland. Mein Deutschland lag vor der Haustür in Straßburg: Karlsruhe, Offenburg, Stuttgart ... Stattliche, wohlgeordnete Städte, ganze Viertel, die nach dem Krieg rasch und reizlos wieder aufgebaut wurden, schicke Mercedes-Benz am Straßenrand, dazu Fußgängerzonen mit Blumenkübeln und auf alt getrimmte Lampen – Apotheose der Trostlosigkeit. Landschaften von Autobahnen und Landstraßen zerschnitten. In den Dörfern erstickten die Fachwerkhäuser unter Geranienkästen. Überall das rote «S» der Sparkasse und Autohändler. Für die meisten Franzosen war Deutschland ein in seinen Wohlstand eingezwängtes Land. Reich, ja, aber sexy – nein, wirklich nicht.

Und so war ich von der DDR überrascht. Ich fand Gebäude, deren Fassaden sich seit dem Krieg nicht verändert hatten. Es gab unebene Bürgersteige und sogar Unkrautbüschel, die sich anarchisch in der ganzen Stadt ausbreiten durften. Ich entdeckte marode Städte, noch nicht geglättet und totsaniert, ohne Werbetafeln, ohne Neonschaufenster und ohne den sich drehenden Mercedes-Stern. Stattdessen knatternde Trabis, quietschende Straßenbahnen, Geruch von Kohle und kaum beleuchtete Straßen. Die Läden waren fast leer, Obst und Gemüse blass. Die Frauen trugen altmodische Minipli-Wellen in ausgewaschenem Blond, die Männer gebleichte Jeansjacken und Schlaghosen. In Dresden ging ich nachts allein über die Zwinger-Terrassen. Die Luftverschmutzung hatte die prallen Pobacken der Putten auf den Balustraden geschwärzt. Die Touristen waren noch nicht da. Es war wie im Traum. Ab und zu telefonierte ich mit dem Italien-Korrespondenten meiner Zeitung. Er erzählte mir, dass er gerade eine Reportage über Verona geschrieben hatte. Ich berichtete ihm begeistert über den Bitterfelder Silbersee, das schweflige Loch, in das die

Abwässer und Schlämme der Filmfabrik Wolfen geschüttet wurden. Er schrie: «Hör auf! Das ist eklig!» Ich verteidigte Bitterfeld: «Verona, Verona ... wie oft wurde in der Zeitung schon über Verona geschrieben? Bitterfeld dagegen ... Hast du schon mal von den Schornsteinen gehört, die die Wäsche in den Gärten mit schwarzem Staub beschichten?» Ich fand nicht, dass ich mit Bitterfeld den Kürzeren gezogen hatte! Nur wenn mein Kollege mir erzählte, dass er am Abend in eine Trattoria an der Piazza Farnese – von Verona war er nach Rom gereist – gehen wollte ... Denn in Bitterfeld saß ich abends allein in der HO-Gaststätte, vor mir ein Teller, auf dem ein Schnitzel mit Bratkartoffeln lag. Dafür entdeckte ich das Collier von Seen mit ihrem klaren Wasser rund um Berlin, viel dichte und intakte Natur. Ich liebte die Landschaften direkt vor der Stadt, die entlegenen Dörfer, die Oder-Auen, die hellen Birkenwälder in Brandenburg. Der Osten beschenkte den Westen mit einer Natur im Urzustand. Mir kam es so vor, als sei ich ins Europa der fünfziger Jahre gereist. Und ich verliebte mich in die DDR.

Ich verstand nicht, warum die Westdeutschen das Gesicht verzogen, wenn sie über die «Zone» sprachen: «Alles so spießig! So engstirnig! Die sind doch nur auf unser Geld scharf! Und dann diese Mentalität – Versorgung von der Wiege bis zur Bahre!» Sie beklagten mangelnde Leistung und fehlenden Unternehmergeist. Sie sprachen von «drüben», als würde ein breiter Strom sie von ihren siamesischen Kommunisten-Zwillingen trennen. Meine Bankberaterin in Bonn – damals lebte ich noch dort – starrte mich an, als ich ihr die unglaubliche Schönheit von Görlitz beschrieb. «Alles so kaputt!», rief sie in ihrem sterilen Büro im Herzen der lollifarbenen Altstadt. «Was machen Sie bloß in der Walachei?» Ich hörte, wie man an den Stammtischen von München und Münster über die «Ossis» schimpfte. Manche Westdeutsche waren nach dem Fall der Mauer nach Weimar gefahren, obligatorische Kulturreise für den Bildungsbürger. Die Mutigen wagten eine Radtour entlang der Saale. Mit Genuss erzählten sie, wie miefig die Hotels und wie löchrig die Straßen waren. Wie viele Franzosen ergriff ich die Partei des Underdogs.

Für die meisten Franzosen war die DDR Terra incognita. Nur die Delegationen der französischen Kommunistischen Partei, denen ich am Checkpoint Charlie regelmäßig begegnete, kannten das andere Deutschland. Doch der Fall der Mauer öffnete die Schleusen. Journalisten, Germanisten, Politologen, Jugendliche, Schriftsteller, Dokumentarfilmer, sie alle strömten in die DDR. Und uns wurde klar, dass die Brüche der Nachkriegszeit noch sichtbar waren. Wir interessierten uns für die Ost-West-Unterschiede. Endlich passierte etwas in Deutschland, für das wir uns begeistern konnten: spektakulär, historisch und tief bewegend. Mit einem Schlag war Deutschland nicht mehr langweilig. Alles veränderte sich in ungeheurem Tempo. Alles war neu. Alles aufregend. Alles möglich. Niemand wusste, wie es weitergeht. Dieses Fieber steckte mich an. Für mich als Journalistin waren es mit die schönsten Jahre.

Seitenweise berichteten die Zeitungen, wie die siamesischen Zwillinge sich endlich wiederfanden. Soziologen und Kulturwissenschaftler befassten sich mit der DDR. Man erfuhr die merkwürdigsten Dinge: dass die Ostdeutschen Latin Lovers waren wie wir – sinnlicher, freier und spontaner als die Wessis. Sie trieben ihre Liebesspiele häufiger, kamen doppelt so oft zum Orgasmus. Ich stellte mir vor, wie komplette soziologische Institute sich unter den Betten versteckten, um an den Fingern beider Hände abzuzählen, wie häufig man über ihnen in den siebten Himmel flog. Bei den Bankkonten waren die Ossis die Verlierer, auf den Matratzen aber die Gewinner. Der Beweis: starke Geburtenrate in der DDR, demographische Krise in der BRD. Wir Französinnen fanden noch mehr Gemeinsamkeiten mit den ostdeutschen Frauen. Wie wir arbeiteten sie, brachten die Kinder ohne schlechtes Gewissen in die Krippe und in den Kindergarten und waren finanziell unabhängig. Sie bekamen ihre Kinder früh, ohne langes Grübeln, ohne große Sorgen um die Zukunft. Sie missachteten die drei Ks, ebenso die Doktrin «Ich muss meinem Mann den Rücken freihalten». All das machte sie uns sehr sympathisch. Aber vor allem merkten wir, dass die Deutschen auch arm und unsicher sein konnten. Ganz anders als in dem Bild, das wir von unseren Nachbarn malten. Wir brauchten sie nicht mehr zu beneiden. Wir fühlten eine warme Solidarität mit den Ossis, denn uns beiden ging der wirtschaftliche Erfolg der Wessis auf die Nerven. «Was haben Frankreich und die DDR gemeinsam?», fragte ein Witz in der Zeit der Wiedervereinigung. Antwort: «In beide Länder sind die Deutschen einmarschiert!» Das gibt unseren Gemütszustand gut wieder.

Wir Franzosen, seit Jahrhunderten im Schoß ein und derselben Nation geborgen, konnten kaum nachvollziehen, wie man so ähnlich und dabei so verschieden sein konnte. Die Ossis und die Wessis sprachen dieselbe Sprache. Sie teilten dieselbe Kultur. Und bis 1945 dieselbe Geschichte ... Und trotzdem passten sie so schlecht zusammen wie ein Paar unterschiedliche Socken. Die freudige Wiederbegegnung kippte. Bei einem Staatsbesuch in der DDR kurz vor Weihnachten 1989 sagte François Mitterrand, dass Franzosen und Ostdeutsche den gleichen revolutionären Geist teilten. Frankreich feierte ausgerechnet in diesem Jahr mit großem Pomp 200 Jahre Französische Revo-

lution. François Mitterrand ermutigte die Ostdeutschen: «Vor 200 Jahren nahm das französische Volk sein Schicksal in die eigene Hand. Es erhob sich mit Macht. Es begann, das Land in die Freiheit, die Gleichheit und die Brüderlichkeit zu führen, Werte, um die wir nie aufhören werden zu kämpfen. In Paris wissen wir, dass die revolutionäre Botschaft bei euch auf fruchtbaren Boden gefallen ist. Und mein Land kann die Begeisterung für die Freiheit sehr gut nachvollziehen und teilen.»
Er würdigte auch die Identität der DDR. Schwach war sie und ideologisch geprägt, das ja, aber nach all den Jahren der Teilung war es doch immerhin eine Identität. Erst später konnte unser Präsident sich eingestehen, dass der Einigungsprozess zwischen DDR und BRD nicht mehr aufgehalten werden konnte. Die rasante deutsche Wiedervereinigung weckte in Frankreich Ängste. Wir misstrauten diesem so plötzlich zum Leben erweckten Achtzig-Millionen-Riesen. Und wer konnte das demokratische Engagement von siebzehn Millionen Deutschen garantieren, die so plötzlich Mitglieder im europäischen Club wurden? Denn diese Deutschen waren von einer Diktatur in die nächste gerutscht. Die Angriffe gegen die Asylbewerberunterkünfte in Rostock, in Hoyerswerda beunruhigten uns. Und die Aufmärsche von Skinheads in Dresden und Leipzig – waren die alten Dämonen wieder erwacht? Wir fürchteten, Deutschland könne nach Osten abdriften, sein Interesse an der europäischen Integration und an der intensiven Beziehung zu Frankreich verlieren.
Anfang der neunziger Jahre stand ich außerhalb der Rivalität Ossi/Wessi. Ich war neutrale Beobachterin. Beide Seiten vertrauten mir ihre Zweifel, ihren Groll, ihre Ängste an. Eine junge Töpferin gestand mir, wie sie in einer Restauranttoilette im Dunkeln zehn Minuten nach dem Lichtschalter getastet hatte.

Sie wusste nicht, dass das Licht automatisch angeht, wenn man den Riegel vorschiebt. Wie eine Idiotin hätte sie sich gefühlt. Etwas verschämt fügte sie hinzu: «Das hätte ich einem Westdeutschen niemals sagen können.» Stundenlang erzählten mir die Ostdeutschen von ihrem Leben im Schatten der Mauer: dass sie es nicht wagten, sich an Sommerabenden auf den Balkon zu sctzen. Er war so verrottet, dass er jeden Augenblick abbrechen konnte. Sie hatten es satt, eine halbe Treppe hoch auf die Toilette zu gehen, mit Kohle zu heizen, den *Spiegel* nur heimlich zu lesen, abends im Fernsehen die Konsumgüter des kapitalistischen Auslands zu bewundern. Endlich brauchten sie sich nicht mehr zu fürchten. Da ich kein Auto hatte, fuhr ich mit dem Zug. In den Abteilen berichtete man mir von den Jungen Pionieren, von dem jahrelangen Warten auf einen Trabant, den geteilten Familien, den Abenden mit Westfernsehen. Wildfremde Menschen baten mich, zu ihnen nach Hause zu kommen. Unzählige Nächte verbrachte ich auf dem Sofa in den guten Stuben von Magdeburg bis Jena, bei Camembert mit Preiselbeergelee, damit beschäftigt, die DDR kennenzulernen und ihre Gastronomie zu verwünschen.

Oft kam es mir vor, als hätte ich mich in einen Fellini-Film verirrt. Vor meinen Augen lief eine Art *Amarcord* der Volksdemokratie ab. Ich erinnere mich an den Striptease im Hinterzimmer des einzigen Hotels in einer Provinzstadt. Im Halbdunkel umarmte eine Frau mit zwei Margeriten auf den Brustwarzen, die Schenkel von Cellulite gewellt, eine glänzende Boa. Ich erinnere mich an Uli mit seinem Nylonbeutel, den ich auf der Straße der Befreiung in Dresden vor dem ersten Bertelsmann Buchclub traf. Er lud mich zu sich ein und stellte mich seiner Frau Sabine vor. Ich brachte eine Flasche Bordeaux mit. Wir tranken sie halb aus. Als ich die beiden zwei Monate später wieder besuchte, holten sie triumphierend die eiskalte Flasche aus dem Kühlschrank: «Wir haben sie extra aufgehoben, um deine Rückkehr zu feiern.» Ich war gerührt. In Sachen Bordeaux war noch viel Aufklärungsarbeit zu leisten.

Ich erinnere mich, wie die Menschen sich um den ersten Kaugummiautomaten in Dresden versammelten. Vor dem Rathaus eines sächsischen Dorfs streichelten die Kinder den gewölbten Leib eines Mercedes aus Frankfurt. Keine Ahnung, wie er dort gestrandet war. Sofort bildete sich eine Menge. Die Schüchternen begnügten sich damit, das Fahrzeug mit den Augen zu verschlingen. Andere berührten heimlich den Stern auf der Kühlerhaube, als sei es ein Glücksbringer. Nach der Währungsunion schossen die Autohäuser in der DDR aus dem Boden wie halluzinogene Pilze. Die Ossis stiegen, so schnell sie es sich leisten konnten, auf andere Marken um. An den Ortseingängen wurden Baldachine mit glitzerndem Lametta errichtet, leuchtende Weihnachtsbäume auf real existierenden Parkplätzen.

Auf den Marktplätzen ostdeutscher Kleinstädte sah ich Lieferwagen mit Hamburger oder Bielefelder Nummernschildern. Sie waren mit den begehrten Konsumgütern vollgestopft: Staubsauger, Fernseher, Kaffeemaschinen. Versicherungsvertreter gingen von Tür zu Tür. Sie nutzten die Unsicherheit der Neuankömmlinge im Kapitalismus, um ihnen absolute Sicherheit zu verkaufen, zahlbar für das Quartal im Voraus. Diese Glücksritter der Wende traf ich abends in der Hotelbar. Sie kamen aus Karlsruhe oder Goslar und hofften auf ein ordentliches Stück vom Kuchen. Sie erzählten mir von der Naivität der Ossis, von ihrer enthusiastischen Entdeckung des Konsums, von den Cousins, die sie in den vielen Jahren der Teilung allmählich vergessen hatten.

Aber es gab auch andere Wessis. In einer Kneipe in Westberlin beobachtete ich regelmäßig ein altes Paar. Sie saßen immer ganz hinten an einem Tisch und unterhielten sich angeregt. Es war ein Richter im Ruhestand mit seiner Frau. Sie kamen aus Süddeutschland und hatten voll patriotischem Eifer ihre Koffer gepackt. Er war dabei, das Justizministerium in Potsdam aufzubauen. Die beiden hatten ihre große Villa, ihr geordnetes und ein wenig monotones Leben hinter sich gelassen. In Berlin hatten sie eine kleine Wohnung gemietet. Jeden Abend gingen sie aus, sie sprachen stundenlang über ihre Entdeckungen. Statt Kreuzfahrten und Golf erlebten sie ein großes Abenteuer.

Der Mut der Dissidenten beeindruckte mich. Was für mich normal war, war hier nicht selbstverständlich: Ich komme aus einem Land, in dem Redefreiheit ein Recht ist. Der Bürgerrechtler Jens Reich lud Journalisten in sein Wohnzimmer ein und bot jedem eine Tasse Kaffee an. In der überfüllten kleinen Wohnung in der Fehrbelliner Straße las Bärbel Bohley die Liste ihrer Forderungen vor. Ich war empört, als sie und ihre Mitstreiter als naive Träumer bezeichnet wurden. Nach und nach wurden sie aus dem politischen Leben des vereinten Deutschlands gedrängt. Jeden Abend ging ich in die Kirchen und hörte mir ernste Debatten an. Ich entwickelte aber schnell eine regelrechte Allergie gegen Pastoren mit Apostelbart und Sandalen. Das zumindest hatten Ossis und Wessis gemeinsam: diese Lust auf endlose Diskussionen.

Was für ein Glück, diesen außerordentlichen Moment der Weltgeschichte miterlebt zu haben. Ich genoss diese Zeit umso mehr, weil ich wusste, dass dieser Schwebezustand vorübergehen würde. Erst nach einiger Zeit wurden mir meine Illusionen bewusst, und ich fand zu einem realistischeren Bild der DDR. «Aber die Engel in deinem Paradies sind Stasi-Informanten», sagte ein Freund aus Paris. Meine Blindheit regte ihn auf. Wir gingen in Potsdam spazieren, ich zeigte ihm die Villen aus der Gründerzeit und die Nacktbader vom Heiligensee, diese Idylle, eine Symbiose aus Preußen und FKK. «Das ist die Freiheit!», begeisterte ich mich. Er fiel mir ins Wort. Wie könnte ich nur so naiv sein! Nun erinnerte ich mich an andere Szenen aus diesen Jahren: Der Wartburg vor der Haustür von Mitgliedern des Neuen Forums. Zwei Herren in grauen Regenmänteln. Gleich nach dem Fall der Mauer der Besuch bei einem Punk in einer Untersuchungshaftanstalt. Ein Jugendlicher mit knallrotem, struppigem Haar saß hier seine Strafe ab. Man hatte ihn aus dem Verkehr gezogen, damit er die makellose Fassade der Republik nicht beschmutzte.

Und dann der junge Mann mit dem königsblauen Hemd und dem Schal, der mich am 40. Jahrestag der Republikgründung anhielt. Die Nacht brach herein, Unter den Linden war von Fackeln erhellt. Ich hatte die Straße überquert, und das Ampelmännchen war rot. In den Augen des Jungen Pioniers ein Akt des Ungehorsams. Ich war schulterzuckend weitergegangen. Und der erste Spaziergang in Wandlitz, der Bonzenkolonie in Ostberlin. Ich erwartete Paläste à la Ceaușescu und fand Spießigkeit, Tüllgardinen und mickrige Vorgärten. Schockiert lasen meine ostdeutschen Freunde in den Stasi-Akten, dass ihr Nachbar oder ihr bester Freund sie jahrelang bespitzelt hatte. Gemeinsam studierten wir die akribischen und banalen Berichte der IM. Das Leben in seiner Alltäglichkeit bis in die letzte Einzelheit dokumentiert. Bürokratenberichte in verklemmter Sprache. Manche hatten nicht studieren, andere das Land nicht verlassen dürfen. Sie wollten aber reisen, sie wollten nach Griechenland, nach Italien, nach Paris! Sie wollten richtigen Wein trinken und, ja, exotische Früchte essen! Und vor allem wollten sie das Recht, ohne Angst das zu sagen, was ihnen durch den Kopf ging.

Vor kurzem war ich wieder in Erfurt. Die dunklen alten Dächer waren erneuert worden. Sie leuchteten rot, die Ziegel so regelmäßig angeordnet wie bei einem Lego-Haus. Der Geruch von Kohle hatte sich in Luft aufgelöst. Das Hotel Kosmos war komplett renoviert worden und hieß jetzt Radisson Blu. Eine Fußgängerzone durchzog die Altstadt, gesäumt von den Ladenketten, wie man sie überall findet. Kein Unkraut spross mehr aus den Trottoirs. Man konnte einen italienischen Espresso trinken und einen echten Camembert essen, der nicht nach Gips schmeckte, mit Baguette und vor allem ohne Preiselbeeren! Ich fing wieder an, von Italien zu träumen und meinen Kollegen in Verona oder Rom zu beneiden.

Alice Schwarzer
und die Stöckelschuhe

An den Schuhen erkennt man, wie emanzipiert eine Frau ist!», klärte Alice Schwarzer mich auf. Es war ein Tag im August. Ich hatte gerade Paris in violetten Sandaletten mit sehr hohen Absätzen durchquert, die ich bei Christian Louboutin im Sonderangebot gekauft hatte. Der Star des französischen Schuhs mit der roten Sohle hatte mir diese Sandaletten empfohlen, die die Frauen zu Märtyrern der Eleganz machen. «Warum brauchen die Frauen denn immer Schuhe zum Rumrennen? Sie sollten sich lieber die Zeit nehmen, Paris zu genießen! Dieses Paar ist gemacht zum Sitzen!», hatte mir der Meister halb liebenswürdig, halb autoritär gesagt.

Normalerweise lasse ich mich von einem solchen Quatsch nicht beeindrucken, aber diese Worte ließen mich dahinschmelzen. Vielleicht weil Louboutins kontemplatives Programm mich so sehr ansprach? Ich verließ die Boutique. «Die Frauen drücken sich durch ihre Schuhe aus!», rief mir der Weise hinterher und schloss langsam die Tür. Auf meinen neuen Stelzen flanierte ich zwei Köpfe über der Masse der flachbeschuhten Passanten und hielt von Zeit zu Zeit inne, um auf dem Geländer einer Seine-Brücke oder einer Bank das Leben vorüberziehen zu lassen und mich an der Schönheit von Paris zu berauschen. Ja, auch ich wollte mich durch meine Schuhe ausdrücken.

Als ich den Pont Neuf überquerte, dachte ich an meine Großmutter. Meine Großmutter trug bis zu ihrem neunzigsten Geburtstag bei besonderen Anlässen marineblaue Pumps mit Absätzen. Wenn sie mir, als ich Kind war, fest die Haare striegelte, tröstete sie mich mit den Worten: «Wer schön sein will, muss leiden!» Seitdem fühle ich mich mit allen Frauen solidarisch, die sich bei Empfängen und Partys auf die Toilette flüchten. Die *sisters in misery* sitzen in ihrem kleinen Schwarzen aufgereiht auf der Bank gegenüber den Waschbecken. Sie haben bereits ein langes Leiden hinter sich, sie haben ihre Qual mit einem heroischen Lächeln getarnt und den Ausstoß an Smalltalk verdoppelt, um nicht mehr an ihre Füße denken zu müssen. Endlich, wenn es einfach nicht mehr zum Aushalten war, eisten sie sich los, um ihre Schuhe für ein paar Minuten auszuziehen und ihre gepeinigten Zehen aufatmen zu lassen. Auch sie müssen leiden, um schön zu sein.

Nach einer Stunde Flanieren an den Quais der Seine musste ich aufgeben: überall Blasen auf meinen Zehen. Ich war nicht mehr in der Stimmung, die Fassaden zu bewundern, den Augenblick zu genießen. Die Schönheit von Paris war mir egal. Ich hatte eine einzige Obsession: meine Füße. Für ein Paar Hausschuhe hätte ich meine Seele verkauft. Als ich es endlich bis zum Goethe-Institut geschafft hatte, wo ich mit Alice Schwarzer verabredet war, flanierte ich nicht mehr, ich humpelte. Ich zog meine Schuhe aus, ohne mich darum zu kümmern, was die Hohepriesterin des deutschen Feminismus von mir denken mochte. Ich pflegte meine Wunden. Ganz wie von selbst kam das Gespräch sofort auf das Thema der Mode und ihrer Unterjochung der Frau. Mir entging nicht, dass Alice Schwarzer schon eine ganze Weile meine lächerlichen Sandaletten beäugte. «Folgen Sie mir, junger Mann!», so lautet die kesse Bezeichnung für Schuhe, die sich zu sehr bemühen, sexy zu wirken.

Bis jetzt hatte Alice Schwarzer Mitleid mit mir. Doch nun schlug sie mit voller Wucht zu: «An den Schuhen erkennt man, wie emanzipiert eine Frau ist!» Ging es nach der Größe der Blasen, tendierte mein Emanzipationsgrad gegen null. Aber nicht mich persönlich hatte sie im Visier, sondern die Französinnen ganz allgemein. «Warum unterwerfen die Französinnen sich dauernd den Wünschen der Männer? Sehen Sie sich doch nur mal an, wie sie von morgens bis abends durch die Gegend hetzen, auf dem Arm ein Kind, in einer Hand eine Einkaufstasche, in der anderen den Aktenkoffer und an den Füßen hohe Schuhe. Warum so viel Stress? Sieht so vielleicht eine emanzipierte Frau aus?» Es fehlte mir die Kraft, diese Karikatur zu zerpflücken und mein Land zu verteidigen. Ich kapitulierte.

Tabu die High Heels, die spitzen Pumps, die Riemchen, die sich um das Fußgelenk schlängeln ... All diese Schuhe, auf denen man haltlos durchs Leben schwankt. Kommt es nicht darauf an, dass der Schuh betriebssicher ist und es der Trägerin erlaubt, kilometerweit zu laufen? Wen interessiert schon, ob er elegant und verführerisch ist! Mir war natürlich bekannt, dass der Schuh symbolisch aufgeladen und der Fetisch par excellence ist ... Aber dass er den Grad der Emanzipation messen könnte, war mir nie zuvor in den Sinn gekommen. Alice Schwarzer bewies mir das Gegenteil: Sie zog die Beine unterm Tisch hervor, hob sie in die Luft und zeigte mir stolz die Quadratlatschen einer starken Frau. Einen kurzen Moment hätte ich beinahe Lust gehabt, mit ihr zu tauschen.

In Sachen Schuhe bin ich ein bisschen deutsch geworden, das ist mir durchaus bewusst. Angesichts der Realität unserer Großstädte bringt Christian Louboutins guter Rat uns ins Stolpern. Ständig ist man in Eile, hastet mit nervösen Schritten durch die Gegend, den Blick auf den Boden gerichtet. Der Gang der Pariserin ist hektisch und damit perfekt an den Lebensrhythmus dieses stressigen Lebens angepasst. Louboutin aber sieht die Gänge der Metro als Laufsteg. Ist die Flaneurin auf Pfennigabsätzen in einer Welt der Beschleunigung nicht fehl am Platz? Unsere Welt ist für die Birkenstocks gemacht, sagte ich mir am Abend, als ich endlich meine violetten Sandalen für immer ausziehen konnte.

«Das ist doch Sexismus, wenn man die Frauen auf Hintern, Busen, Stöckelabsätze reduziert», warf mir der Chef von Birkenstock kürzlich an den Kopf. Auch er ließ sich nicht lange bitten und breitete diverse existenzialistische Reflexionen vor mir aus. Ich war gekommen, um dieses boomende Unternehmen zu porträtieren. Ich traute meinen Ohren nicht. Der Birkenstock-Schuh macht Furore, in Italien, im Nahen Osten, in Korea. In den Vereinigten Emiraten und in Japan ist Birkenstock eine Premiummarke und hat in den Einkaufszentren ihren Platz neben Gucci und Prada.

«Heute sind die jungen Frauen selbstbewusst. Sie tragen ihre Kleidung gern eine Nummer zu groß und dazu Birkenstock. Unsere Schuhe stehen für die sexuelle Befreiung. Der Typ Brigitte Bardot ist von gestern. Jetzt hat die Stunde der Metrosexualität à la David Beckham geschlagen. Die Männer sind feminin. Die Frauen sind maskulin. Warum sollten die Frauen sich in spitze Schuhe einbetonieren und Qualen leiden, statt ihren Füßen Gutes zu tun?» Wie ein New-Age-Philosoph dozierte der Birkenstock-Chef von einem «an unseren Lifestyle angepassten Produkt», von der «emotionalen Reife des Birkenstock» und huldigte «einer Lebenseinstellung». Er war mit Alice Schwarzer einer Meinung: Durch den Schuh «drücken wir uns als Frau und als Individuum aus», und er fragte mich ganz offen, ob ich denn keine Lust hätte, mich von dieser entfremdenden Rolle der Frau als Objekt zu emanzipieren. Immer mehr fühlte ich mich von allen Seiten angegriffen. Hatten Birkenstock und Alice Schwarzer sich abgesprochen, um mich niederzumachen?

Vor dem Rundgang durch die Produktion schlug der Leiter mir vor, meine Schuhe mit durchaus vernünftigen Absätzen gegen ein Paar Birkenstock einzutauschen, einen Oldtimer aus braunem Leder. Seit ich in Deutschland lebe, bin ich standhaft geblieben. Birkenstock? Nur über meine Leiche! Aber die schmerzhafte Durchquerung von Paris war mir noch frisch im Sinn. Ich dachte an die Hunderte Meter langen Gänge neben den Montagebändern, an den endlosen Vortrag des Vorarbeiters, an die Höfe, die Treppen, die Fußgängerbrücken ... und schon nahm ich die Schuhe, die eine Sekretärin mir reichte. Es wäre ja nur für ein oder zwei Stunden. Und es bestand auch keine Gefahr, dass mir Bekannte über den Weg liefen, schließlich ist Neustadt/Wied ein im Nirgendwo gelegenes Nest auf den Anhöhen über dem Rhein, ganz in der Nähe des Loreley-Felsens. Genau da hat sich Birkenstock angesiedelt. Als meine Zehen uber das weiche Fußbett glitten, fühlte ich mich wie im Nirwana. Die Sohle passte sich der Form meines Fußes an. Der Riemen streichelte meine Zehen. Mein ganzes Wesen gab sanft nach, meine Schultern entspannten sich. Ich lieferte den Beweis für die goldene Regel des Hauses Birkenstock: Die Zehen müssen im Schuh Klavier spielen können. Und die Sandale, versicherte mir die Sekretärin, wird aus natürlichem Material hergestellt. Sie kann komplett verspeist werden. Die Vorstellung, einen Schuh zu essen, stieß mich denn doch ein wenig ab ... Ich sah den Stilettoabsatz des Louboutin wie eine Gräte im Hals stecken. Die Kork-Latex-Verbindung des Birkenstock würde zu tagelanger Verstopfung führen.

Ich seufzte dennoch vor Erleichterung. Ich schaute mir meine Füße an und lachte: zwei unförmige Klötze. Ich war völlig durcheinander. Aus Paris hörte ich Christian Louboutin mahnen: Ein hoher Absatz streckt die Silhouette, betont die Kurven, verlängert das Bein, verfeinert die Fessel! Ein hoher Absatz zieht die Blicke auf sich und verspricht lockenden Hüftschwung! Zehn Zentimeter pure Weiblichkeit, ein Must, Madame, denken Sie doch mal nach, ich flehe Sie an! Ich sah aber vor mir das genervte Schulterzucken des Birkenstock-Chefs: Was für ein Unsinn! Wenn man voll Energie durchs Leben schreiten will, muss doch die Sohle am Boden haften. Punkt, aus. Er bemerkte meine Verwirrung und wollte meine Bedenken ausräumen: «In unserer so komplexen Welt will man sein Leben vereinfachen, auf das Wesentliche zurückkommen, auf die Reinheit der Form. Wir stellen uns in den Dienst dieser Nostalgie. Unsere Marke ist wie eine alte Eiche.» Die Moden gehen vorüber, das Fußbett bleibt.

Man könnte glauben, dass manche Produkte extra entwickelt werden, um Klischees zu verstärken. Ich weiß nicht, ob Birkenstock in Neustadt/Wied und Louboutin in Paris sich abgesprochen haben – auf jeden Fall verkörpern diese beiden Schuhtypen die Länder, in denen sie hergestellt werden. Wenn die Zeichner in Krisenzeiten europaweit den Deutschen ins Visier nehmen, der dem ganzen Kontinent seinen Sparwahn aufzwingen will, dann greifen sie tief in das klassische Arsenal der

Boche-Klischees: Hakenkreuz, Pickelhaube, Hitlerschnauzer und ... ein Paar Birkenstock.

Bis vor nicht allzu langer Zeit war der Birkenstock nicht mehr als eine plumpe orthopädische Sandale, Synonym für deutsche Ernsthaftigkeit: praktisch, öde. Diese Pietistenschlappe bekleidete graue Füße und trauriges Fleisch. Lange Zeit war Birkenstock eine starke Waffe, wenn wir uns über die Deutschen lustig machten. Der Birkenstock war ein politisches Statement, die Unisex-Sandale der langhaarig-bärtigen und in handgestrickte Pullover gewandeten Umweltjünger, die in den siebziger und achtziger Jahren gegen Atomkraft und Waldsterben protestierten. Sie trugen den Schuh wie eine Kreuzzugsfahne, dazu grobe Socken aus Schafwolle. Und um die Gleichheit der Geschlechter zu betonen, hatten Männer wie Frauen behaarte Beine. Als Schülerin hörte ich die Birkenstocks über das Pflaster auf dem Platz vor dem Straßburger Münster trappeln. Ein Zeichen, dass die Deutschen wieder «eingerollt» waren. Dieses schon 1940 benutzte Verb wird im Elsass noch heute ironisch verwendet, wenn die Badener und die Schwaben die Europabrücke Kehl überqueren. Wir jungen Franzosen mit unseren Espadrilles staunten über diese Besucher vom Nachbarplaneten. Und wir Mädchen drehten uns auf unseren kleinen Absätzen und unseren enthaarten Beinen um. Wir flüchteten in die Cafés. Wir träumten von gut aussehenden Italienern in spitzen, unbequemen Schuhen.

Das Besondere an einem Vorurteil ist jedoch, dass man es wenden kann wie einen Crêpe. Heute verkörpert Birkenstock eine selbstbewusste Lässigkeit. In Genua konnte ich im Sommer beobachten, wie selbst die Italiener in einem exklusiven Schuhgeschäft sich ihre Birkenstock holten: himmelblau oder zitronengelb, glänzend, silbrig oder golden, Zebra- oder

Leopardenmuster. Dieser Trend war komplett an mir vorbeigegangen.

Noch immer stehen keine Birkenstock-Schuhe in meinem Berliner Schrank. Aber von den violetten Louboutins habe ich mich getrennt. Bis heute halte ich mich aus dem Grabenkrieg heraus: Natur gegen Kultur, nüchterne Schlichtheit gegen subtile Raffinesse? Als Birkenstock damals für das grobe Deutschland stand, war meine Welt noch eindeutig, ihre Umrisse klar definiert. Wie viel weniger anstrengend war das! Aber ich muss zugeben, dass der Ausflug ins Land der Schuhe meine Gewissheiten über mein Geschlecht in Frage gestellt hat. Was genau ist eine emanzipierte Frau, und vor allem: Wie sehen ihre Schuhe aus? Ich will meine Hand nicht dafür ins Feuer legen, dass ich bei meinem nächsten Besuch nicht doch in Birkenstocks Paris durchqueren werde. Angeblich trägt sogar Christian Louboutin privat Birkenstocks.

Wie Deutschland lernte zu schlendern

Vor kurzem unterhielt ich mich in Paris mit zwei alten Herren, deutschen Juden, die Ende der Dreißiger nach Frankreich emigriert waren. Als Kinder wurden sie erst in einem katholischen Internat versteckt, dann bei Bauern in der Auvergne. Nach der Befreiung erfuhren sie, dass ihre Eltern in den Lagern getötet worden waren. Also blieben sie in Frankreich. Erst viele Jahre später waren sie so weit, dass sie Deutschland besuchen konnten. Zunächst nur für ein paar Tage. Nachts schliefen sie schlecht. Tagsüber gingen sie in den Städten ihrer Kindheit spazieren. Skeptisch guckten sie sich die Leute an. Manchmal wurde ihnen übel.

In den fünfziger und sechziger Jahren, so erklärten mir die beiden Herren, war der Gang der Deutschen ganz anders als heute: Sie gingen steif und ruckartig, der Körper angespannt und bereit, mit den Absätzen zu knallen. Ein verräterischer Gang, ein Gang, mit dem man sich bemühte, den Körper zu beherrschen, jede unangemessene Bewegung zu unterdrücken und – schlimmer noch – jede Form von Sinnlichkeit. Eine Art Marschtritt für Zivilisten. Den beiden Herren fielen auch die vielen altertümlichen Gesten auf: wie junge Frauen noch den

Knicks machten und Männer den Oberkörper bogen und die Hände vor der Brust verknoteten, als seien sie Höflinge. Sie imitierten das Pingpong der Titel: «Guten Morgen, Herr Doktor!», «Schönen Tag, Herr Professor!» Wobei sie den Hut abnahmen. Eine Handbewegung aus vergangenen Zeiten. Aber heute, ah, heute ... Die beiden Herren lachten. Heute gibt es all diese Umarmungen, Küsschen, all das endlose Rückenklopfen und An-sich-Drücken. Alle duzen sich, obwohl sie sich nicht mal kennen, in den Cafés, in den Geschäften. Aber am meisten hat sich der Gang verändert: entspannt, der Körper biegsam. Die Füße schlurfen über das Pflaster, die Arme schlenkern um die Hüften.

Die Deutschen von heute sind befreit, ja, befreit, auf dieses Adjektiv einigten sich die Herren. Deutschland ist nicht mehr dasselbe wie früher, sagten sie. Als wir nochmals zurückkamen, Jahrzehnte später, haben wir es kaum noch erkannt. Rhythmus, Tonfall und Haltung waren völlig anders.

Kann der Gang der Menschen auf den Bürgersteigen uns zeigen, wie sich ein Land verändert hat? Man braucht sich nur in ein Straßencafé zu setzen, um zu sehen, dass sich im Gang nicht nur der Charakter des Einzelnen ablesen lässt, sondern auch die Stimmung einer Gesellschaft. Als die beiden Emigranten in den fünfziger Jahren ihre einstige Heimat aufsuchten, sitzt der Drill den Deutschen noch in den Knochen. Die Erinnerung an ein totalitäres Regime lebt in ihren Körpern weiter. Deutschland bleibt puritanisch und konservativ. Die Frauen kehren an den Herd und in den Dienst des Ehemanns zurück. Nur mit seiner schriftlichen Erlaubnis dürfen sie arbeiten gehen. Die Kinder werden streng erzogen, «ein Klaps hat noch keinem geschadet». Homosexualität wird mit Gefängnis bestraft. In den Gerichtssälen, in Schulen, Universitäten sitzen noch die alten Nazis. Und die Katastrophenjahre verschwinden unter einem Deckel aus Schweigen und Verdrängung. Eine versteinerte Gesellschaft. Nichts Leichtfüßiges, kein Hüftschwung in einer solchen Umgebung. Aber: In Deutschland hat sich etwas getan, erkennen die beiden Herren an. Das Land, es hat sich seiner Vergangenheit gestellt. Es hat sich entspannt. Und jetzt geht es anders.

Auch in Frankreich hat sich der Gang verändert, aber in die umgekehrte Richtung. Sehen Sie sich das Paris von heute an. Der Gang ist nervös, hektisch, schnell, synchron mit dem Leben, so viel gestresster als in Berlin oder München. Dabei war Paris einmal die Stadt der Boheme und der Langschläfer, der großen Denker an Café-Tischen und der Faulenzer. Paris ist für die sanfte Bewegung von Körper und Geist gemacht. Man kann die Innenstadt leicht zu Fuß durchqueren. Die großen Boulevards haben immer dem Flaneur gehört. Aber dem Pariser von heute fehlt die Nonchalance, der Genuss, sich treiben zu lassen. Die Tage kreiseln wie Turbinen. In Paris beschleunigt sich der Puls, und in Berlin lehnt er sich zurück. So entspannt haben die beiden Herren Berlin noch nie erlebt.

Ich suche Berlin

Große Städte haben oft kleine Abkömmlinge auf der ganzen Welt. Straßburg im Elsass hat Strasburg in der Uckermark. Wer weiß, warum dieser Ort den gleichen Namen trägt wie meine Geburtsstadt? Jedes Mal auf dem Rückweg von der Ostsee fuhr ich am Schild zu diesem unwahrscheinlichen Ort vorbei. Bis ich eines Tages vor Neugier platzte und einen Abstecher nach Strasburg machte.

Es ist kurz nach der Wiedervereinigung. Ich entdecke ein großes Dorf, rundherum Fetzen einer mittelalterlichen Stadtmauer. In der Mitte der Marktplatz: Rathaus, Heimatmuseum, Konsum, Kriegdenkmal, spitzer Kirchturm und eine Kneipe. Es gibt zwei Sehenswürdigkeiten: das Denkmal einer Trümmerfrau mit obligatorischem Kopftuch und Spitzhacke oder ein Backstein-Wasserturm, sechsunddreißig Meter hoch. Diese graue marode Gemeinde hatte sich durch 750 Jahre Geschichte geboxt. Nach den Schlachten am Ende des Zweiten Weltkriegs war sie zerstört. Die DDR hatte den Rest geleistet. Von meinem Straßburg keine Spur. Allein zwei, drei Fachwerkhäuser erinnern mich an die alten Straßen meiner Geburtsstadt. Und selbst dann braucht man viel Einbildungskraft.

Der Bürgermeister erzählt mir, dass Strasburg mit der Ankunft der Hugenotten Ende des 17. Jahrhunderts einen enormen Aufschwung erlebte. Diese Glaubensflüchtlinge strömten damals aus Frankreich, Strasburg empfing sie mit offenen Armen. Die Stadt brachte sie unter, fütterte sie und verschaffte ihnen ein neues Leben. Ein wenig beschämt und immer noch wütend, vertraut der Bürgermeister mir an, dass sich gleich nach dem Fall der Mauer eine Delegation von Strasburg/Uckermark, 5300 Einwohner auf 86,3 Quadratkilometern, mit dem Rad auf den Weg nach Straßburg/Elsass machte, der neuntgrößten Stadt Frankreichs. Die Menschen aus der Uckermark wollten der elsässischen Bürgermeisterin eine Partnerschaft vorschlagen: Die namhafte mittelalterliche Stadt, die stolze und wohlhabende Hauptstadt von Ostfrankreich sollte sich mit einem ehemaligen Zonen-Kaff verschwistern. Was stellten sie sich vor, diese Hinterwäldler? Dass man ihnen den roten Teppich ausrollt? Dass man sie wie verlorene Brüder empfängt?

Im Rathaus meiner Stadt blieb man hart. Dabei war die Mauer eben erst gefallen, und alle Blicke richteten sich auf das benachbarte Deutschland. Niemand fragte sich, ob die Vorfahren dieser Strasburger aus dem großen Straßburg stammten. Die wahren Straßburger glaubten, dass nur sie ein Recht auf diesen Namen hätten. Sie wiesen die Strasburger aus der Uckermark schroff ab. *Non merci!* Mit einer Stadt, die erst 1952 den Kreisstadtstatus erhielt, verkuppelt sich keine stolze historische Stadt! Einfach lächerlich! Die Botschafter der hinauskomplimentierten Delegation stiegen wieder aufs Rad und kehrten geknickt nach Hause zurück. Ein paar Monate später schloss Strasburg/Uckermark eine Städtepartnerschaft mit Straßburg/Kärnten in Österreich, 2122 Einwohner auf

97,47 Quadratkilometern. Zweifellos ein standesgemäßeres Bündnis.

Und wenn die Hinterwäldler von Berlin/Indiana eines Tages auch auf die verwegene Idee kämen, an die Tür des Roten Rathauses in Berlin zu klopfen? Berlin hat auch eine Menge kleine Cousinen, verstreut über die ganze Erde. Eine davon lebt im Bundestaat Indiana in den USA. Als ich neulich ein paar Wochen dort verbrachte und von Heimweh für meine Wahlheimat gepackt wurde, beschloss ich, mich auf die Suche nach Berlin in der Prärie zu machen.

Nur: Berlin gibt es nicht mehr. Das ist nicht das apokalyptische Drehbuch eines Science-Fiction-Films. Das ist eine Tatsache, schwarz auf weiß. Berlin ist nur noch ein Fleck auf der Landkarte. Und zwei Sätze in einer Enzyklopädie: Geisterstadt in Clinton County, Indiana. Gegründet 1847 und um 1900 schon verschwunden. Vor mehr als 150 Jahren kamen religiös Verfolgte aus Preußen, Bauern nach einer Missernte, Flüchtlinge, wie sie heute nach Deutschland strömen und wie sie damals nach Strasburg gingen, um ihr Leben in der großen Prärie wieder zu beginnen. Für die Neuankömmlinge wurde Platz geschaffen. Der Stamm der Miami-Indianer wurde nach Oklahoma umgesiedelt. Als Reminiszenz an ihre ferne Hauptstadt nannten die Migranten ihre Kolonie Berlin. So wie man ein Neugeborenes nach einem Vorfahren tauft. Eine Hommage.

Ich suche Berlin. Oder wenigstens das, was in den Maisfeldern Indianas noch davon übrig ist. Ich weiß, diese Reise ist noch absurder als mein Abstecher nach Strasburg. Was soll ich denn da finden? Warum sollte man seine Zeit so verschwenden, wenn die Kultstädte Chicago und Pittsburgh nur ein paar Stunden Autofahrt entfernt sind? Aber ich will's wissen. Wie

Reisende, die im hintersten Afrika auf eine Schachtel *La vache qui rit* stoßen. «Guck mal, hier gibt es *La vache qui rit*, wie bei uns!» Im Supermarkt von Rouen würden sie diesen Schmelzkäse keines Blickes würdigen. Aber hier! In Ouagadougou! Ein richtiges Prachtstück! Und wenn sie ihre Zähne in das glänzende Dreieck schlagen, steigen ihnen fast die Tränen in die Augen. Genau so steht es zwischen Berlin/Indiana und mir.

Nach Berlin/Indiana kommt man über die Interstate 65. Bei Indianapolis fährt man an der Ausfahrt 13 in Richtung Lebanon. Delphi lässt man rechts liegen, durchquert aber Antioch und Monticello. Hat ein geologisches Wunder die Kontinente umgestaltet, ohne dass ich etwas davon bemerkt habe? Die Umgebung Berlins, Potsdam, Oranienburg und Beelitz, sind von der Erde verschwunden. In einem Umkreis von ein paar Dutzend Kilometern um Berlin liegen jetzt antike Städte und ferne Länder: Attica und Alexandria, Manchester und Oxford, Montpellier und New Castle, Mexico und Peru. Gewaltige tektonische Kräfte haben die Kontinentalplatten verschoben und die Erdteile neu zusammengewürfelt. Berlin liegt laut meiner Karte ein paar Kilometer nördlich von Frankfort, der Hauptstadt des Clinton County. Amerika hat die Weltkarte neu gezeichnet.

«*Welcome to Frankfort*», begrüßt mich ein großes Schild am Ortseingang. Diese Namensdiebin hat nicht die geringste Ähnlichkeit mit ihrer Namenspatronin in Deutschland. Darf Frankfort/Indiana sich überhaupt Stadt nennen? Eine Abfolge von Haus-Rasen-Haus-Rasen entlang einer wie ein Seil gespannten Straße. Sie bemüht sich, die Kirchen merkwürdiger Sekten, die Autohäuser mit Traktoren und Rasenmähern, das Denkmal für die gefallenen GIs und das Wrack eines monströsen Freimaurertempels zusammenzuhalten.

Im Zentrum: das Gericht. Wie ein Fremdkörper beherrscht das neoklassizistische Gebäude einen quadratischen Platz. Gott weiß, an welchem Größenwahn der Architekt litt, als er 1881 beschloss, in diesem Nest mitten in der Prärie ein fünfzig Meter hohes Bauwerk hinzustellen. Die angebrachte Uhr geht eine Stunde vor. Sie zeigt immer noch die Winterzeit. Egal. Hier spielen Stunden und Minuten sowieso keine Rolle. Ein paar Straßenlaternen sollen dem Ort ein alteuropäisches Flair geben. Im Schaufenster des Antiquitätenladens: ein Spinnrad, ein Spitzenhäubchen, Steingutgeschirr. Wollen diese Nippes beweisen, dass dieser Stadtkadaver irgendwie aus *Old Europe* stammt? Im Jahr 1869 wird die Stadt von den Brüdern John, William und Nicholas Pence gegründet. Sie geben ihr den Namen Frankfort, im Gedenken an ihre aus Frankfurt am Main eingewanderten Urgroßeltern. Vielleicht ist das der Grund, dass man hier so viele Banken findet.

Frankfort ist in den siebziger Jahren gestorben. Die Geschäfte im Zentrum schlossen. Das Roxy Movie Theatre wurde zum Parkplatz. Das Kino zum Restaurant. Fotos an den Wänden zeigen, wie es früher aussah: große Schlitten geparkt am Straßenrand, die Straßen schwarz von Menschen, Arbeiter in den Betrieben und Fabriken, ein großes Sortiment in den Schaufenstern. Genau das Amerika, das Donald Trump wiederbeleben will. Und auf den kurzgeschorenen Rasenflächen schrien Schilder damals vor den Wahlen: «Trump! Trump! Trump!» Hier haben die weißen Farmer, die Schweinezüchter, die Arbeiter ohne Fabriken Donald Trump an die Macht gewählt. Im Clinton County hat er 70 Prozent bekommen.

Die Straße von Frankfort Richtung Berlin ist gesäumt von Holzmasten, an denen sich Stromleitungen entlanghangeln. Immer weiter zieht sich die Straße, bis sie in der Ferne als Asphaltfädchen hinter dem Horizont verschwindet. So weit das Auge reicht, nur Maisfelder. Und der mit der endlosen Ebene verschmolzene Himmel. Von Zeit zu Zeit meldet sich die süßliche Stimme meines Navis: «Fahren Sie geradeaus, immer geradeaus.» Jetzt bin ich auf einer Schotterstraße. Holzhäuschen, eine Farm, der bittere Geruch von Schweinen, die für den Schlachthof gemästet werden, die amerikanische Fahne vor jedem Haus. Die Straßen schneiden sich im rechten Winkel und teilen das Land in Quadrate auf. Thomas Jefferson, einer der Gründungsväter der USA, ließ dieses Raster über die großen Prärien legen. Er versuchte auf diese Weise, die Weite zu zähmen. Ich bin im Herzen des *flyover country*, dieses Schachbretts, das man von oben sieht, wenn man von einer Küste zur anderen fliegt. Anhalten lohnt sich nicht. Die Leute hier nennen sich *«hoosiers»*, Hinterwäldler, Bauerntrampel, und sie sind stolz auf diese Bezeichnung. Überall findet man sie, auf T-Shirts, Kaffeebechern.

«Sie haben Ihr Ziel erreicht!», triumphiert die Navi-Frau. Ich schrecke zusammen und blicke mich um. Ich sehe nichts. Rechts: Mais. Links: Mais. Vor mir die Straße mit der kleinen Staubwolke vom Pick-up, der am Horizont verschwindet. Über mir der dunkelblaue Himmel dieses späten Novembernachmittags. Keine Häuser, nicht mal Ruinen. Und ganz bestimmt kein Berlin.

Auf einer Farm erzählt man mir, dass Berlin ganz in der Nähe an einer Kreuzung lag. In der Dämmerung erreiche ich eine Straßenkreuzung. Zwei Häuser stehen sich auf einem kleinen Buckel gegenüber. Berlin. Ich stelle den Motor aus. Ist es möglich, dass von der schönen Utopie deutscher Siedler nichts mehr geblieben ist? Ich habe nicht gerade das Brandenburger Tor erwartet oder ein Gewimmel von Straßen und

Plätzen, aber doch ein bisschen Backstein, eine alte Kirche, vielleicht eine Schule oder einen Friedhof. Auf dem alten Atlas, den man mir gezeigt hat, sah man, wie die Main Street die Prairie Street und die Washington Street kreuzt. Etwa vierzig Häuser standen da.

Als die Eisenbahn ein paar Kilometer von hier entfernt gebaut wurde, gaben die Siedler auf. Sie begruben ihren Traum von einem Miniatur-Berlin mitten in der Prärie. Die Eisenbahn war ein Versprechen. Mit ihrer Hilfe hofften sie, sich ein Stück vom Kuchen abschneiden zu können, einen Zipfel vom American Dream. Weit weg von ihrem Sumpfloch, von ihrer einsamen Wegkreuzung. Berlin war nur ein flüchtiges Leben beschieden, genau wie den Schmetterlingen, die bei Einbruch der Nacht sterben.

Was haben die Einwanderer in diesem Jottwede denn bloß gesucht? Während Berlin/Indiana in den letzten Zügen lag, war Berlin/Brandenburg dabei, sich zur ersten Hauptstadt des wiedervereinten Deutschlands aufzuschwingen. Mit seinen Mietskasernen und hastig errichteten neuen Stadtvierteln platzt es heute aus allen Nähten. Es brüstet sich damit, eine echte Metropole zu sein, und bemüht sich, London und New York nachzueifern. Ich frage mich, ob die Auswanderer bei ihrem Tausch nicht den Kürzeren gezogen haben. Ob sie es wohl bedauern, dass sie Berlin verlassen haben?

Das ist die Freiheit!

Ein sehr gewagter Parkplatz. Sie stehen genau am Beginn einer verkehrsberuhigten Zone (siehe Schild) hinter Ihnen. Wenn Sie Pech haben, gibt es ein Ticket (Knöllchen). Kaum habe ich mein Auto gefunden, da springt mir der Zettel in die Augen. Er klemmt hinter dem Scheibenwischer. Er wartet auf mich. Die Botschaft ist mit Kugelschreiber auf eine herausgerissene Seite eines Spiralblocks geschrieben. Ein paar Stunden zuvor habe ich in der Nähe des Bauhaus-Museums in Dessau geparkt. Ganz brav, parallel zum Bürgersteig. Keine Einfahrt, kein Zebrastreifen, kein Behindertenplatz. Ich störte niemanden. Und so bin ich mit reinem Gewissen ins Museum gegangen. Erst jetzt bemerke ich das Parkverbotsschild ein paar Meter weiter. Ich drehe mich um. Wer hat diese Zeilen geschrieben? Es ist Sonntag, die Straße ist leer. Kein Mensch weit und breit. Ich schimpfe laut: «Schon wieder ein selbsternannter Sheriff!» Und warum, wenn er schon dabei war, hat er nicht die Polizei gerufen? Dann wäre ich für meinen Verstoß wenigstens bestraft worden. Er hätte seine Pflicht getan und zufrieden nach Hause gehen können.

Ich stehe in Dessau auf der Straße und hasse Deutschland.

Auf der Rückfahrt bekomme ich die anonyme Nachricht nicht aus dem Kopf. Hat der Schreiber mich für eine Deutsche, für eine Berlinerin, gehalten, wie das Nummernschild meines Autos anzeigt, und sich deshalb die Mühe gemacht, das Wort *Ticket* in *Knöllchen* zu übersetzen? Oder ist die Botschaft gar nicht aggressiv gemeint? Die Schrift ist fest und gleichmäßig. Warum hat der Autor dieser Warnung sich so viel Mühe gemacht, und das an einem Sonntagmorgen? Der Ton ist höflich. Ich werde sogar gesiezt. Was will man mehr? Unter der harten Schale der Wörter verbirgt sich vielleicht ein weicher Kern der Fürsorge?

Ein paar Wochen später sitze ich in Paris an der Avenue d'Iéna im Taxi. Die Zeit drängt, ich bin zu spät. Plötzlich kommt der Wagen zum Stillstand. Die ganze Straße kommt zum Stillstand. Und die Show beginnt. Rechts von uns versucht ein Mann seinen Citroën in eine eindeutig zu kleine Parklücke zu manövrieren. Er schlägt das Lenkrad ein, stößt zurück, bremst, schiebt den vorderen Wagen vor, um ein paar Zentimeter zu gewinnen. Er erinnert mich an Aschenputtels böse Schwestern, die mit aller Gewalt ihre großen Füße in den viel zu kleinen Glaspantoffel zwängen. Am helllichten Morgen mitten in Paris einen Parkplatz zu finden grenzt an ein Wunder. Der Mann am Steuer weiß das. Wenn er jetzt aufgibt, wird er noch lange herumirren. Er wird seinen Termin verpassen, er wird mit seinem Chef Ärger bekommen. Also verbeißt er sich. Er ist knallrot und völlig außer sich. Ab und zu lässt er das Lenkrad los und flucht. Er ruckt hin und her wie auf einem Bullen beim Rodeo. Er stößt und schiebt. Die Hinterräder quietschen. Der Motor heult. Dann hebt der Citroën den Twingo vor ihm in die Luft, drängt ihn nach vorn und knallt ihn wieder zurück auf den Boden. Ein letztes Aufbäumen des Twingos, und er rührt sich nicht mehr. Jetzt passt der Schuh.

Ich bin die Einzige, die sich aufregt. Niemand versucht den Cowboy zu stoppen. Keiner hupt. Mein Taxifahrer kommentiert die Aktion live: «Wozu hat ein Auto wohl eine Stoßstange? Na mach schon ... Aber bitte!» Er lässt sich tiefer in seinen Sitz sinken und seufzt: «Da sehen Sie, Madame, was in Frankreich los ist! Kein Wunder, dass unser Land den Bach runtergeht ...»

In Paris herrscht Chaos, aber selbst das Chaos hat Regeln. In Paris zieht man die Handbremse nicht an, damit die anderen den Wagen ein wenig schubsen können. In Paris verschiebt man einfach bewegliche Verkehrsschilder, die einen Umzug oder Kanalarbeiten ankündigen, um «legal» parken zu können. In Paris käme kein Mensch auf die Idee, einen Notizblock aus der Tasche zu ziehen, um den Mitbürger auf den rechten Weg zurückzuführen. Sind die Leute tolerant? Oder ist es ihnen egal? Keiner kurbelt das Fenster herunter und schreit: «Verpiss dich! Schaffst du's alleine, oder muss ich rauskommen?» Nicht einmal ein sarkastisches «Bravo!». Vor einigen Jahren, da bin ich mir sicher, wäre noch die ganze Straße auf die Barrikaden gegangen. Aber diese Gleichgültigkeit sagt viel über den Zustand meines Landes.

Am Ende quetscht der Asphaltcowboy seinen Citroën zwischen die beiden Autos, die er so großzügig angerempelt hat. Er steigt aus, schlüpft in seine Jacke, streicht sie glatt, zieht die Krawatte zurecht, nimmt den Aktenkoffer vom Rücksitz und macht sich auf zu seinem Termin, als wäre nichts geschehen. Der Stillstand ist vorbei, die Autos fahren weiter. Niemand ruft die Polizei an, um eine Fahrerflucht zu melden. Da kann jemand das Eigentum eines anderen direkt vor den eigenen Augen zerstören – solange ich nicht selbst betroffen bin, kümmert es mich nicht. Ich will nicht stundenlang auf die Polizei warten. Und dann noch auf die Wache müssen, um eine Zeugenaussage abzugeben ... Also halte ich mich besser raus.

Ich denke an den Zettelschreiber von Dessau. Ich will nicht wissen, was er neben mir im Taxi in der Avenue d'Iéna gesagt hätte. Wahrscheinlich hätte ich mir große Sorgen um sein Herz gemacht.

Was ist zwischen Dessau und Paris passiert? Diese Szenen sagen viel über die Beziehung zum Gesetz in beiden Ländern. Egal ob der Zettelverfasser ein Ordnungsfanatiker ist, der mich bestrafen wollte, oder ein Pastor, der nur mein Bestes wollte: Dem Mann aus Dessau ist das Gesetz heilig. Den Ordnungsfanatiker kann ich nicht ausstehen, und ich bin empört. Am liebsten würde ich ihm sagen: «Was geht Sie das an? Und wenn ich nun Bock habe, so zu parken? Und überhaupt – wenn ich Lust habe, Knöllchen zu zahlen, um die Staatskasse zu füllen? Hat Sie vielleicht jemand zum Richter ernannt?» Ich wage es kaum zuzugeben, bin so genervt, dass ich mich in zuckersüßem Ton entschuldige: «Oh, das tut mir schrecklich leid, ich hatte keine Ahnung, dass Sie von der Polizei sind!»

Aber es gibt auch eine andere Interpretation, subtiler und vor allem mit der französischen Mentalität schwerer zu vereinbaren: Der gute Pastor will mir einen Gefallen tun. Ja, er ist um mich besorgt. Diese wohlwollende Bevormundung ehrt ihn. Er möchte nicht, dass ich gegen das Gesetz verstoße und eine Strafe zahle. Das Gemeinwohl liegt ihm am Herzen, und deshalb hat er seinen Spiralblock aus der Tasche gezogen. Dieser Mann hat das Gesetz so stark verinnerlicht, dass er dessen Einhaltung überwacht, auf der Straße, in seinem Wohnblock, in seinem Stadtteil. Er fühlt sich persönlich betroffen, wenn jemand wie ich vor seinen Augen falsch parkt. Das ist allerdings etwas völlig anderes als die plötzliche Solidarität der Autofahrer, die sich gegenseitig mit der Lichthupe vor den ein paar Kilometer weiter im Dickicht lauernden Radarfallen warnen. Diese Fahrer wollen das Gesetz umgehen: «Vorsicht, Bulle! Fahr jetzt die nächsten tausend Meter langsamer! Sobald die Gefahr vorbei ist, gibst du wieder Gas!»

Am Abend des gleichen Tags in Paris sehe ich noch, wie ein junger Mann in der Métro-Station Saint-Paul über die Sperre springt. Ein fröhlicher Sprung. Als Einzige starre ich ihn an. Nicht, dass ich den Schwarzfahrer ansprechen will, um ihm eine Predigt zu halten, oder dass mich seine rebellische Geste schockiert. Bin ich jetzt so deutsch geworden, dass ich es gut finde, wenn Gesetze befolgt werden, dass das Leben leichter ist, wenn Leute eine Fahrkarte haben und ihr Auto sanft parken? Das französische Chaos finde ich nicht mehr so charmant.

Aber diese Strenge halte ich nicht lange aus. Der Schwarzfahrer dreht sich um, wirft mir einen provozierenden Blick zu und ruft: «Ça c'est la liberté! Das ist die Freiheit!» Dann macht er einen Luftsprung, schlägt die Fersen zusammen, landet wieder auf den Füßen und verschwindet in den Métro-Tunnel. Ich bleibe stehen und schmelze dahin. Sollte ich jemals den Dessauer treffen, würde ich ihm mit einem etwas frechen, aber sehr sanften Lächeln direkt in die Augen schauen und sagen: «Ça c'est la liberté!» – bevor ich einen Luftsprung mache, die Fersen zusammenschlage und in mein Auto steige.

Eine Trikolore in der S-Bahn

Für den Projekttag in der Kita meiner Söhne lieh ich mir vor ein paar Jahren eine Trikolore von der Französischen Botschaft aus. Jeden Monat stellten ausländische Eltern ihr Land vor, deutsche Eltern ihr Bundesland. Mal gab es Baguette, mal Buletten. Mal Spaghetti, mal Spätzle. Aber eine Flagge gehörte immer dazu.

Ein Gendarm der Botschaft legte mir einen Giganten in die Arme. Fünf Quadratmeter Blau-Weiß-Rot. Gut gebügelt, ordentlich eingerollt, an einem Ende eine Messingspitze, am anderen ein Holzstiel. Ich versprach, die Fahne bald zurückzubringen. Auf dem Bürgersteig am Pariser Platz hatte ich jetzt ein echtes Problem: Wie sollte ich Berlin durchqueren, ohne unschuldige Bürger mit den Farben der *République française* zu durchbohren? Ins Taxi passte die Fahne nicht. Jeder Busfahrer, der sich um die Sicherheit seiner Fahrgäste sorgte, würde mir das Einsteigen verweigern. Zu Fuß war die Strecke viel zu lang. Es blieb nur eine Möglichkeit: die S-Bahn.

Das alles geschah vor der WM 2006 und dem Sommermärchen. Damals waren die Deutschen im Umgang mit den eigenen Nationalfarben noch gehemmt. Deshalb war meine Fahne nicht nur ein Sicherheitsrisiko für meine S-Bahn-Mitfahrer, sondern auch eine Provokation. Ich hatte das Gefühl, während der Fahrt unter Beobachtung zu stehen. Nicht nur das Gefühl: Dutzende von Augenpaaren waren tatsächlich auf mich gerichtet, aber keineswegs belustigt. Kein Blick sagte: «Guck mal, was will die denn mit 'ner Fahne in der S-Bahn?» Auch keine Vorwürfe wie: «Die braucht ja zwei Plätze, und eine Fahrkarte für das Ding hat sie bestimmt auch nicht!» Und von Sorge auch keine Spur: «Mit ihrer Fahne macht sie noch einen Hammel am Spieß aus uns!» Nein – in den Blicken, die meinen monströsen Begleiter und mich fixierten, glaubte ich Argwohn zu lesen: Was will diese gefährliche Nationalistin in unserer S-Bahn? Hätte ich ein Hakenkreuz dabeigehabt, das Misstrauen hätte kaum größer sein können.

Wie ich so dasaß, die Fahne zwischen die Knie geklemmt, fragte ich mich, was meine Mitreisenden so beunruhigte. Ich bin im Schatten der Trikolore aufgewachsen: Sie wehte über dem Portal meiner Grundschule und über dem Giebel meines Gymnasiums. Sie steht vor jedem Rathaus, wo die Brautpaare sich fotografieren lassen, und hinter dem Präsidenten, wenn er eine Fernsehansprache hält ... Am 11. November, dem Tag des Waffenstillstands 1918, steht immer ein Fahnenstrauß vor dem Kriegsdenkmal. Am 14. Juli, dem Nationalfeiertag, verwandeln sich die Champs-Élysées in einen Wald von Fahnen, und Jagdflieger zeichnen mit dreifarbigem Rauch Arabesken in den Sommerhimmel. Fahnen überall.

Meine elsässische Großmutter bewahrte eine Trikolore auf ihrem Dachboden auf. Ihr Vater hatte sie auf dem Balkon seines Hauses gehisst, um die französischen Truppen zu begrüßen, die das Elsass am 18. November 1918 aus der «Knechtschaft der Boches» befreiten. Ich habe übrigens noch immer den Verdacht, dass die Elsässer strategische Plätze systematisch mit Flaggen schmücken, um Paris ihre Loyalität zu beweisen – schließlich waren sie lange Zeit Deutsche. Als wir nach dem Tod meiner Großmutter das Haus ausräumten, entdeckten wir die Fahne in einer Ecke der Mansarde. Ganz für sich stand sie da. Seit Jahrzehnten wartete sie, wie ein Reservist, der auf den Appell zu einer letzten patriotischen Parade hofft. Wir rollten sie auf und hatten Brüsseler Spitze in der Hand. Die Motten hatten die Trikolore zerfressen.

In der S-Bahn starrten mich immer mehr Mitreisende an. Ich senkte die Augen. Je mehr ich den Rücken beugte, je kleiner ich mich machte, desto größer wurde die Trikolore, stolz wie ein Wetterhahn auf seinem Kirchturm. Am liebsten wäre ich aufgestanden und hätte meine Situation erklärt: «Liebe Fahrgäste, entschuldigen Sie bitte die Unterbrechung, aber die Fahne ist für eine Art Karneval im Kindergarten. Noch nie habe ich etwas mit den Rechten zu tun gehabt. Ich wähle selbstverständlich links. Sie brauchen wirklich keine Bedenken haben.»

Aber niemand hätte mir zugehört, und das aus gutem Grund: Meine Mitpassagiere in der S-Bahn trugen eine schwere Last mit sich herum. Mir war, als hörte ich sie im Chor murmeln: «Nie wieder! Mit einer Geschichte wie unserer sind Fahnen für immer verboten!» Das Thema war tabu. Das Terrain vermint. Da konnte ich noch so locker mit den Schultern zucken: «Jetzt entspannt euch mal bitte! So viel Skepsis gegenüber patriotischen Gefühlen muss nicht mehr sein! Ihr habt doch bewiesen, dass ihr zur Demokratie fähig seid. Ihr seid doch engagierte Europäer. Also: Warum keine Flagge zeigen?»

Als ich mich gerade wieder gefangen hatte, rollte die S-Bahn am Reichstag vorbei. Vier Deutschlandfahnen, alle wesentlich größer als meine, wehten träge am Himmel. Ausnahmsweise wurde die Schwarz-Rot-Goldene nicht von der blauen Europaflagge mit ihren zwölf Sternen und der Fahne eines Bundeslands flankiert. Meistens tritt sie in dieser Gruppe auf, eine rechts, eine links. Diese Bodyguards sollen sie vor Nationalismus schützen.

Doch was für eine Grenzüberschreitung, als die Deutschen sich bei der WM 2006 ein Deutschlandfähnchen ans Auto klemmten und sich die Wangen mit den Landesfarben bemalten – sogar die Linken, sogar die Wehrdienstverweigerer, inzwischen treue Familienväter, sogar die Gorleben-Veteranen, heute brave Steuerzahler, und sogar diejenigen, die den Gegner jahrelang angefeuert hatten, um nicht wie Revanchisten auszusehen. Und wie so oft, wenn man lange Zeit auf etwas verzichten muss, verfielen die Leute ins andere Extrem: kein Quadratzentimeter Haut, kein Blumenkasten, kein Schaufenster, kein Auto ohne deutsche Flagge.

Bei Tagesanbruch rumpelte der mit zwei Fähnchen geschmückte Müllwagen unter meinem Fenster vorbei. Gegenüber hatten meine Nachbarn den Schwulen-Regenbogen durch das vaterländische Schwarz-Rot-Gold ersetzt. In der Apotheke wurden Pillen gegen Sodbrennen und Schmerzgel mit Luftballons in den deutschen Farben geschmückt. Deutschland hatte Nachholbedarf.

An diesem Tag in der S-Bahn waren die «neuen Patrioten» jedoch noch nicht geboren. Und so ärgerte ich mich über die Kita. Zweifellos steckte eine gutgemeinte Multikulti-Idee dahinter: den Kindern beibringen, dass es viele Kulturen gibt, dass die Welt nicht nur bayerisch oder schwäbisch ist, sondern auch italienisch, kroatisch, türkisch und, ja, auch französisch.

Einen Monat zuvor hatten die Italiener ihren Projekttag gehabt. Sie waren mit Spaghetti und Pizza angerückt. Dazu winzige grün-weiß-rote Papierfähnchen, die in den Gelato-Kugeln steckten. Hauptgewinn in der Tombola: ein Alfa-Romeo-Modellauto zum Selbstbasteln inklusive Klebstoff und Anleitung. Die Trattoria in unserem Kiez hatte Lavazza-Espresso und Tomatensugo gespendet. Und zum Abschluss gab es für Eltern und Erzieherinnen ein Glas Prosecco und für die italienischen Eltern Applaus.

Nach dieser Spitzenleistung wurde unsere kleine Elterngemeinschaft panisch. «Was soll ich bloß machen, ich komme aus Niedersachsen?», fragte eine Mutter angesichts der kulinarischen Kargheit Norddeutschlands. «Soll ich den Italienern vielleicht Grünkohl mit Pinkel und Kassler anbieten?»

«Ick hab Buletten und Pommes rot-weiß, Gott sei Dank. Das lieben alle Kinder», brüstete sich ein Berliner. Ein Heimspiel für ihn, dem Glücklichen. Die Bayern konnten sich auf ihre Brezeln und Weißwürstchen verlassen.

Ich beobachtete die Meck-Pomm-Eltern in einer Garderobenecke. Wie bestrafte Kinder saßen sie stumm auf kleinen Holzbänken. Die Schwaben lockten mit Spätzle, und um sich bei den Kleinen einzuschleimen, versprachen sie Coca-Cola. Dieser Vorstoß löste Widerstand aus. «Was ist denn an Coca-Cola schwäbisch?!», protestierten die Puristen. Die Ökos hatten schon Gummibärchen durch Möhrenstifte ersetzt. Jetzt bestanden sie noch auf Bio-Apfelsaft ohne Zucker! «Coca-Cola – nur über unsere Leichen!» Eine japanische Mutter sprach sich für Sushi aus. Diese Klarheit machte die niedersächsische Mutter noch unruhiger. Ein binationales Paar – sie Kroatin, er Berliner – konnte sich nicht einigen und verließ die Kita getrennt.

«Frankreich muss wieder zum Leuchtturm der Völker werden, das ist seine Bestimmung.» Dieser Satz von Jacques Chirac am Abend seiner Wahl 1995 verfolgte mich in der S-Bahn. Vielleicht war Chirac der letzte französische Präsident, der sich so in Pathos hineinsteigern konnte. Seine Nachfolger waren nüchterner. Und doch – als Frankreich per Los für den nächsten Projekttag gewählt wurde, erfasste mich das Bewusstsein einer großen Mission.

Wie die Italiener haben wir Franzosen einen Bonus in Deutschland. Egal ob es der Realität entspricht oder nicht: Wir gelten als elegant, genießerisch, und kochen können wir obendrein. Crêpes, Baguettes, Croissants: An der Buffetfront war mir der Sieg gewiss. Ein wenig Musette, ein bisschen Cancan – und wir haben alle Klischees bedient. Die Kleidung: blau-weißrot, Baskenmütze, gestreiftes T-Shirt. Peinlich, aber was macht man nicht für die Kinder. Und ich wusste: Unsere Fahne musste die größte sein! Wir zeigen es den Italienern mit ihren albernen Zahnstochern! Eine Fahne, mit der sich die Deutschen nie sehen lassen würden! Eine Fahne, so groß wie ein Bettlaken. Ich rief die Botschaft an: «Kann mir da jemand aus der Klemme helfen?» Der Gendarm führte mich in ein Kabuff und zeigte mir das ganze Trikolore-Sortiment: «Bitte bedienen Sie sich, Madame.»

Doch in der S-Bahn kamen mir Zweifel. Würde ich mich nicht lächerlich machen? Solange ich in Frankreich lebte, gehörte die Flagge zum Dekor. Jetzt, da ich im Ausland bin, stelle ich Selbstverständlichkeiten in Frage. Erkenne ich mich in dieser Fahne überhaupt wieder? Sind Baskenmütze und gestreifte T-Shirts Requisiten, mit denen ich mich identifiziere? Oder gehören sie zu einer Folklore, Lichtjahre von dem Land entfernt, das ich zurückgelassen habe?

Und plötzlich war ich neidisch auf die Mutter aus Hannover. Kein Mensch erwartet, dass Niedersachsen der Menschheit den Weg weist. Ich dagegen komme aus dem Land der Revolution, der Menschenrechte und des Savoir-vivre, aus dem Land, in dem Gott selbst leben soll. Ich sah die Italiener, wie sie meine Crêpe-Stapel schief anguckten. Ich fürchtete mich vor dem Urteil der Griechen, der Selbstgefälligkeit der Bayern und dem Spott der Berliner.

Die Kinder waren begeistert, als ich meine Trikolore in die Sandkiste steckte. Ich kam mir vor wie Neil Armstrong, als er die amerikanische Flagge auf dem Mond hisste. Armstrong war durchs All geflogen. Ich war nur ein paar Stationen S-Bahn gefahren. Aber sonst hatten wir beide unsere Mission erfüllt. Und in der Kita: Die Berliner und die Griechen tanzten Cancan um die Trikolore. Die Niedersachsen plünderten das Buffet. Die Bayern und die Kroaten stimmten die Marseillaise an. Aber mein größter Triumph waren die finsteren Blicke der Italiener. Sie saßen unter sich bei den Schaukeln und schmollten.

Das Schaffen-Chromosom

Als der Zweite Weltkrieg in meiner Oberschule auf dem Lehrplan stand, holte meine elsässische Großmutter einen Packen Schwarzweißfotos aus einer Schublade. Baden-Württemberg im Jahr 1945: Hausfassaden wie Theaterkulissen kurz vor dem Einsturz. Sie fuhr mit dem Finger über Trümmerberge, hielt an den Schutthaufen auf dem Bürgersteig an und sagte mit düsterer Stimme: «Siehst du, das war ein kaputtes Land.»

Ein paar Tage nach diesem Gespräch machten wir uns auf zu einem Sonntagsausflug auf die andere Rheinseite. Ich saß hinten im Familien-Peugeot und konnte nicht begreifen, wie die Trümmer auf den Fotos sich in dieses Schlaraffenland verwandelt hatten. Wie waren diese adretten Städte aus so viel Elend auferstanden? Wir Elsässer hatten von unserem Logenplatz aus staunend miterlebt, wie Deutschland sich so spektakulär aus seinen Ruinen erhob. Verglichen mit Kehl, Karlsruhe oder Offenburg gleich gegenüber wirkte das Straßburg meiner Kindheit wie Aschenputtel.

Neben mir auf dem Rücksitz sagte meine Großmutter auf Elsässisch: «Sie haben den Krieg verloren, und jetzt sind sie reicher als wir! Wie schaffen sie das bloß?»

Für mich ist *schaffen* das deutsche Verb par excellence. Eines der ersten, das ich von den Erwachsenen um mich herum lernte. Die Deutschen hatten ein Wunder geschafft. Nach dem Krieg hatten sie die Ärmel hochgekrempelt und losgelegt. In diesem Verb liegt ein erlösender Elan. Nach allem, was uns passiert ist, oder sagen wir, nach all den Katastrophen, die wir ausgelöst haben, wollen wir es *schaffen*. Ich war überzeugt, die Deutschen hatten ein Chromosom mehr als wir Franzosen: das Chromosom der Tüchtigkeit, des Fleißes, der unerschöpflichen Energie. Das Schaffen-Chromosom. An dieses genetische Plus denke ich, wenn Deutschland heute im allgemeinen Sturm wie ein Fels dasteht. Italiener, Griechen, Franzosen stecken in der Krise. Deutschlands Export boomt, die Kanzlerin reist mit ihren Unternehmern nach China, und die Zahl der Arbeitslosen schrumpft wie ein zu heiß gewaschener Pullover. Wie schaffen sie das bloß? Unter der Oberfläche der Bewunderung schwelt der Neid.

Ich war nicht überrascht, als Angela Merkel Hilfe bei diesem Verb suchte. Sie musste sich aus dem Schlamassel befreien, in den sie sich 2015 mit ihrer offenen Tür für Flüchtlinge manövriert hatte. Sie wusste sehr wohl, dass das Wort genau das richtige war, um ihre Landsleute zu motivieren. *Wir schaffen das!* würde im kollektiven Unterbewussten ein machtvolles Echo hervorrufen.

Angela Merkel hat kein knalliges Verb gewählt. Zu welcher Floskel hätte der französische Präsident in einer solchen Lage gegriffen? Das Land der Brüderlichkeit reicht allen Elenden des Planeten die Hand! Feuerwerk des Heroismus! Seelengröße! Aber bei den Deutschen kommt Pathos nicht an. Die Kanzlerin bleibt schlicht. Sie benutzte ein Wort aus Küche, Werkstatt und Alltag. Auf den ersten Blick ist über *schaffen* nur wenig zu sagen. Das Wort wird so oft benutzt, dass es kaum auffällt. Es gibt keine Zeit zu verlieren. Es hetzt durch die Sätze auf sein Ziel zu. Auf keinen Fall flattert es wie ein Schmetterling von Blüte zu Blüte. Es gönnt sich unterwegs keine Pause. Das doppelte *f* verleiht dem *Wir schaffen das!* seine phonetische Power und fegt den Zweifel weg. Eine Eruption von Willenskraft. Man zuckt fast zusammen, denn das Verb scheint im Mund zu explodieren.

Das Verb hat zwei Seiten. Die schicke Seite: *schaffen* im Sinn von *schöpfen*. Gott erschafft die Welt. Ein Künstler erschafft ein Werk. Die Seite für jeden Tag: das berühmte *Wir schaffen das!* im Sinne von *Wir bekommen das hin!* Und das schwäbische *Schaffe, schaffe, Häusle baue!* Hier steht *schaffen* für *schuften*. Die Schaff-Schürze der schwäbischen Hausfrau ist nicht gerade sexy. Kein Petticoat, vielmehr ein Kittel. *Schaffen* reicht von Gott bis zur Schürze.

Wir schaffen das! Die anderen Europäer hingen wie erstarrt an Angela Merkels Lippen, als sie diesen Satz vorbetete. Sie bewunderten ihren klaren moralischen Kompass, ihre barmherzige Natur. Sie fragten sich aber auch, ob sie womöglich den Verstand verloren hätte. Ob sie sich klarmachte, welche Herkulesarbeit sie ihrem Land zumutete. Und kein Mensch in Europa hatte Lust, ihrem Beispiel zu folgen. Denn wieder einmal versuchte sie das Unmögliche: die Hunderttausende von Flüchtlingen, die nach Deutschland strömten, reibungslos zu integrieren. Ein neues Wunder. *Wir schaffen das!* impliziert eine große Dosis Autosuggestion. Wer sich diesen Satz einredet, setzt sich durch. Und Angela Merkel ist nicht die Einzige, die an dieses Urvertrauen appelliert. Jedes Mal, wenn das Land mit einem großen Problem konfrontiert ist, ziehen deutsche Kanzler die Beschwörungsformel aus dem Hut. Wie hatte Helmut

Kohl seinen Landsleuten die «blühenden Landschaften» verkauft? Natürlich mit: «Wir werden das schaffen!»

Bei *Wir schaffen das!* muss man das Ausrufezeichen immer mit aussprechen. Selbst wenn er wie eine Ermutigung gemeint ist, hört sich der Satz an wie ein Befehl. Aber ja! *Wir schaffen das!* erfordert Tatendrang. *Ein Ruck*, sagte Roman Herzog. Von Barack Obamas *Yes we can!* ist *Wir schaffen das!* meilenweit entfernt. Bei dem einen wie dem anderen drei Wörter, die den Geist einer Nation einfangen. Doch *Yes we can!* sagt man, wenn einem der Erfolg genetisch eingeschrieben ist. Man muss bloß Energie und guten Willen mobilisieren, und der Erfolg kommt von selbst.

Frohes Schaffen!, rief mir ein Kollege zu, dem ich an einem Freitagabend im Frühsommer erzählt hatte, dass ich das ganze Wochenende zu Hause arbeiten müsste. Die Sonne strahlte. Alle wollten draußen sein. Ich hätte es schön gefunden, wenn er mir die Hand auf die Schulter gelegt und gesagt hätte: «Ach, du Ärmste!» Stattdessen *Frohes Schaffen!* Hätte ich ihm erzählt, dass ich übers Wochenende ans Meer fahre, wäre seine Stimme nicht fröhlicher gewesen. Damit sagte er mir: Rühr dich am Wochenende bloß nicht vom Schreibtisch weg, wenn du deine gute Laune behalten willst! Und so ließ er mich stehen.

Frohes Schaffen! hat nichts mit dem englischen *Work hard* zu tun. Ganz abgesehen davon, dass man meistens sagt: *Don't work too hard!* Auch das französische *bon travail* kennt die Verschmelzung von Mühe und Vergnügen nicht. *Work hard* und *bon travail* riechen nach Schweiß, Belastung, Entsagung, sogar nach Schmerz. Diese Ausdrücke rufen kein Lächeln hervor, keine Freude. Das kleine Adjektiv *froh*, so überraschend in diesem Kontext, suggeriert ja schon die Freude am Werk. Man stellt sich den Arbeiter des sozialistischen Realismus vor:

Schweiß auf der Stirn, ein Lächeln im Gesicht. Man sagt *Frohes Schaffen!* wie *Frohe Weihnachten!* Kein Mitleid, kein Sadismus und vor allem keine Ironie. Für mich gehören *froh* und *schaffen* einfach nicht zusammen. Schon immer hat mich diese Ehe irritiert. Nur in Deutschland stecken diese beiden unvereinbaren Wörter unter einer Decke.

Auf der Suche nach dem *modèle allemand*

Das Französische hat sich schon immer Wörter aus Deutschland geholt. In der Zeit der Weltkriege «*le blitz*» und «*le panzer*», in den Achtzigern «*la angst*» und «*le waldsterben*», in den Neunzigern «*la wiedervereinigung*» und «*la mitteleuropa*». *Le Karcher* wurde zum Skandalwort im neuen Jahrtausend. Ex-Präsident Sarkozy hatte vorgeschlagen, mit dem Hochdruckreiniger der deutschen Firma Kärcher die aufsässigen Vorstädte zu reinigen. «*Le diktat*», «*le leitmotiv*», «*l'ersatz*», «*le putsch*» und «*le vasisdas*» (damit sind die Velux-Fenster gemeint) sind so gut integriert, dass ihre Herkunft schon vergessen ist. Manchmal übersetzen die Franzosen sogar Begriffe, die es im Deutschen gar nicht gibt. Das «Deutsche Modell» zum Beispiel, «*le modèle allemand*». Es ist heute das Modewort in Frankreich.

Das *modèle allemand* das ist eine Mischung aus Konsens und Dialog, sahnig wie Bayerische Creme. In Frankreich kennt kein Mensch das Rezept. Man wundert sich nur: Die Deutschen streiken nicht für jede Kleinigkeit, in Krisenzeiten akzeptieren sie brav Lohnkürzungen, und die Rente mit siebenundsechzig haben sie auch geschluckt. So bleibt Deutschland Klassenbester in Europa. Griechenland erstickt, Spanien und Italien leiden, und Frankreich ist in den Augen der Deutschen das größte Problem der Eurozone mit seiner chronischen Staatsverschuldung und seiner Reformunfähigkeit. Dort scheint jeder zu denken: Wir machen so weiter, komme, was wolle. Und in diesem Chaos steht Deutschland da wie eine Eins und wankt nicht. Es schlägt sich sogar ziemlich gut. Vor fünfzehn Jahren war es krank. Heute ist es das Energiebündel Europas. In Paris fragt man sich: Wie machen die das bloß?

Am liebsten würden wir das *modèle allemand* kopieren. Eine «Schatztruhe», sagte sein großer Fan Nicolas Sarkozy. In einer Fernsehansprache lobte er einst Gerhard Schröder und seine Agenda 2010. In siebzig Minuten empfahl er Deutschland und sein Modell genau fünfzehnmal. Also einmal alle 4,6 Minuten. Unter dem riesigen Kronleuchter in seinem Arbeitszimmer forderte der damalige Präsident das Recht, beim europäischen Musterschüler abzuschreiben: «Gehört es nicht auch zu meinen Aufgaben, genauer hinzusehen, was im Ausland läuft, und den Franzosen zu sagen: ‹Sehen Sie es sich an, bei ihnen hat es funktioniert!› Warum sollte das nicht auch bei uns der Fall sein!» Das musste man sich schon trauen: Ein Präsident der Republik war mit seinem Latein am Ende, er kaute auf seinem Mont-Blanc-Füller herum und schielte über den Rhein.

Für viele ist das *modèle allemand* jedoch nicht Wunderpille, sondern Gift. Ein führender Linker schimpfte: «Schon wieder das *modèle allemand*. Millionen Minijobs für 450 Euro im Monat! Hungerlöhne! Die Schere zwischen Reichen und Armen öffnet sich immer weiter! Das deutsche Modell ist nicht das französische Modell!» Im Radio wütete ein Zuhörer: «Die Franzosen bekommen eine Überdosis *modèle allemand*!» Und natürlich blieb uns der Hitler-Vergleich nicht erspart. Sarkozy, das sei «Daladier in München», spottete damals ein Sozialist.

Wer sich noch heute von Deutschland inspirieren lässt, ist ein Vasall: François Fillon ist «der Telegrammboy von Frau Merkel», bemerkte ein rechter Präsidentschaftskandidat im Wahlkampf 2017. Von rechts erfolgte ein Echo: François Hollande ist «der Vizekanzler von Frau Merkel, Statthalter der Provinz Frankreich», erklärte Marine Le Pen. Der Sozialist Benoît Hamon verteidigte sich, bevor er überhaupt angegriffen wurde: «Ich bin frei vom Komplex, den die politisch Verantwortlichen in Frankreich gegenüber dem erfolgreichen *modèle allemand* haben.» Und Jean-Luc Mélenchon, parteiunabhängiger Präsidentschaftskandidat und Initiator der Kampagne «France insoumise» («Ungehorsames Frankreich») hat sogar auf Deutsch angegriffen: «Maul zu, Frau Merkel! Frankreich ist frei.» Er hat genug von Deutschland, «ein Land ohne Kinder, in dem die Vollbeschäftigung durch Lohnkürzungen erreicht wird», und das «sich Sklaven aus dem Osten und dem Süden schnappt, damit seine Wirtschaftsmaschinerie läuft». Er rät der Kanzlerin, die «ein deutsches Europa» aufbaut: «Kümmern Sie sich lieber um Ihre Armen und um Ihre marode Infrastruktur!» In seiner Streitschrift *Bismarcks Hering*, die den Untertitel *Deutsches Gift* trägt, verhöhnt er die «französischen Schafe, die in ihren Pferchen blöken, sobald die steinernen Gesichter auf der anderen Rheinseite mit der Peitsche knallen».

Egal ob Gegner oder Befürworter, die Franzosen fragen sich alle: Wie machen die Deutschen das nur? In meinen vielen Jahren als Korrespondentin in diesem Land hat meine Pariser Redaktion mich immer wieder um eine Antwort auf diese Frage gebeten. Wie sind ihre Schulen organisiert, wie funktioniert das duale Ausbildungssystem, wie die Mitbestimmung in ihren Betrieben? Wie haben sie den Arbeitsmarkt und das Rentensystem reformiert? Und die Energiewende geschafft?

Schon oft bin ich durch Deutschland gefahren, auf der Suche nach den Mittelständlern, diesen unscheinbaren Zauberern des wirtschaftlichen Erfolgs, meistens in Familienbesitz. Sie sind in ihrer Heimat verwurzelt und strahlen in die ganze Welt aus. Sie verbinden die Bodenständigkeit der Provinz mit der Kühnheit des Eroberers. Heute sind es die Global Player von Miele bis Kärcher, von Haribo bis Playmobil, von Würth bis Porsche, von Bosch bis Claas … was bedeutete: Schluss mit den Artikeln über das schwere Nazi-Erbe und die gequälte deutsche Seele, die noch vor ein paar Jahren von der Pariser Redaktion bestellt wurden. Heute fasziniert das Deutschland der Waschmaschinen, der Traktoren, der Schrauben und Bolzen. «Du sollst uns eine Erfolgsgeschichte erzählen», verlangt die Chefredaktion. Wenn Frankreich träumen will, dann schaut es mit einem Auge nach Deutschland.

In diesen Unternehmen habe ich gelassene Menschen kennengelernt. Diese Betriebe scheinen vor den Turbulenzen der Welt gut geschützt zu sein. Ihre Umgebung: eine Idylle aus Fachwerkhäusern und Wohlstand. Das *modèle allemand* ist greifbare Realität: die Ruhe in den Fabrikhallen, der Umgangston in der Belegschaft, der Chef, der – ich träume wohl tatsächlich – mittags in der Kantine seinen Teller Gulasch isst. Er begrüßt seine Mitarbeiter mit Namen. Manche arbeiten hier in der dritten Generation. Wenn sie in Rente gehen, überreicht der Chef ihnen eine Uhr und einen großen Blumenstrauß. Auf seinem Schreibtisch: in Silberrahmen die blonden Köpfe seiner Enkel. An der Wand: das Foto des Großvaters in Sepiatönung. Der Firmengründer posiert im blauen Kittel an seinem bescheidenen Arbeitsplatz. So sah die Firma Anfang des vorigen Jahrhunderts aus. Nach dem Zweiten Weltkrieg segeln all diese kleinen Unternehmen auf den mächtigen Wellen des Wirtschaftswunders. In den sechziger Jahren eröffnen sie im Ausland eine Tochtergesellschaft nach der anderen. Der Umsatz wächst Jahr für Jahr. Aber man bleibt ein Familienbetrieb. Ein Unternehmen, so der Patriarch von Miele, ist wie eine gute Ehe, besser lebt man monogam. Kein Fremdkapital also. Kein Börsengang. Nicht mal ein kleiner Flirt mit der New Economy. Heute sind die Eigentümer vieler Mittelstandsbetriebe Milliardäre. Aber sie sind keine Angeber: kein Rennstall. Kein Dünkel. Sie leben bescheiden. Die Anzüge sind ein wenig abgetragen. Häufig fahren sie mit dem Rad zur Arbeit. Im Zug reisen sie in der zweiten Klasse. Sie heiraten eine Tochter aus guter Familie, eine Sekretärin oder die Telefonistin des Unternehmens. Die Ehefrau begeistert sich für die Wohltätigkeit und die Kunst. Manchmal übernimmt sie die Leitung der Firma, wenn ihr Mann verstorben ist. In einigen Fällen weiß man nicht einmal, wie die Eigner aussehen, so zurückgezogen leben sie. Keine Homestory in den Illustrierten. Keine privaten Angelegenheiten vor den Angestellten. «Man muss mit gutem Beispiel vorangehen», sagt der Chef. Und er deutet auf einen Holzrahmen über seinem Arbeitstisch, in dem die Ethik des Hauses dekliniert wird: Respekt, Zuverlässigkeit, Engagement, Loyalität, Verantwortung.

Bei meinen Expeditionen auf der Suche nach dem *modèle allemand* fühle ich mich immer ein wenig gedemütigt. Was für Streber! Wie uncool! Ich mache mich über sie lustig. So tröste ich mich. Das *modèle allemand* ruft bei den Franzosen widersprüchliche Gefühle hervor: Minderwertigkeitskomplexe, Ohnmacht, weil wir unsere Probleme nicht in den Griff bekommen, Neid, naive Bewunderung.

Immer wenn ich in einer Werkshalle an den Fließbändern entlanggehe, wird vor mir die Liste mit den Großtaten der Firma entrollt: schwarze Zahlen, Exportrekorde, brechend volle Auftragsbücher, Eroberung des chinesischen Markts, weit und breit kein Grund zur Sorge. Allerdings muss zum Wohl des Unternehmens ab und zu ein kleines Opfer gebracht werden. Die Gewerkschaften nennen das eine Nullrunde. Damit das Unternehmen die Arbeitsplätze über die Krise hinwegretten kann, verzichten die Gewerkschaften auf Lohnerhöhungen. Und der Betriebsratsvorsitzende verkündet stolz: «Bei uns, Madame, ist noch nie gestreikt worden!» Streik ... in seinem Mund klingt es wie ein Schimpfwort. Er erklärt mir: Bei uns streikt man nicht einfach drauflos! Und er zitiert das Gesetz: Politische Streiks und Solidaritätsstreiks sind nicht erlaubt. Das Streikrecht ist genau geregelt. Erst wenn die Tarifverhandlungen gescheitert sind, dürfen die Gewerkschaften einen kleinen Warnstreik ins Auge fassen. Am Anfang wird die große Keule noch nicht hervorgeholt. Nur ein Teil der Belegschaft steht ein paar Tage als Streikposten vor dem Werk. Einfach um den Bossen zu zeigen, aus welchem Holz sie gemacht sind. Ein Appetithäppchen sozusagen. Dem eigentlichen Streik müssen 75 Prozent der Gewerkschaftsmitglieder zustimmen. Als in dem außergewöhnlichen Jahr 2015 Post, Bahn, Lufthansa, Amazon und Erzieherinnen streikten, sahen die Pessimisten schon das Ende des *modèle allemand*. Wochenlang legte eine kleine Gewerkschaft die Eisenbahn lahm. Die Reisenden warteten auf *Züge*, die nur tropfenweise ankamen. Man fühlte sich wie in Frankreich.

Wann immer ich in meine Heimat zurückkehre, werde ich von Streikenden empfangen: Fluglotsen, Bodenpersonal, Müllmänner, Taxifahrer oder Lehrer ... Irgendjemand streikt immer. Manchmal schließen sie sich zusammen: Taxifahrer und

Busfahrer. Lehrer und Pflegepersonal. Dann ist Frankreich so gelähmt, als hätte eine böse Fee seine Bewohner in einen hundertjährigen Schlaf versetzt. Vor ein paar Jahren kam ich nach Paris, als die SNCF, die Nationale Gesellschaft der Französischen Eisenbahnen, gerade streikte. Jeder zweite Zug gestrichen. Mit meinem Koffer stand ich auf dem überfüllten Bahnsteig am Gare de Lyon. Ich war die Einzige, die schimpfte. Die Franzosen sind Fatalisten. Sie sagen sich: «Es wird schon vorübergehen.» Aber vor allem verstehen sie die Wut der Streikenden. Kein Mensch regte sich auf, als ein Dutzend Gewerkschafter die Halle durchquerten. Sie schwenkten eine Fahne in revolutionärem Rot. Der gerade einfahrende Zug wurde gestürmt. Ich brachte drei Stunden auf dem Gang zu und sehnte mich nach dem *modèle allemand*.

Mit der Arbeitsrechtsreform 2016 kehrt in Frankreich der Klassenkampf zurück – und in Deutschland die Empörung der Betriebsräte darüber. Ihre Fließbänder rollen doch friedlich. Abends sehen sie dann im Fernsehen die Berichte aus Frankreich. Demonstrationszüge auf den Boulevards. Verwüstete Straßen: eingeschlagene Schaufenster, abgefackelte Bushaltestellen, brennende Mülltonnen. Bei der Polizei: Tränengas, Wasserwerfer, Schlagstöcke, Schilde. Bei den Randalierern: schwarze Vermummung und Pflastersteine. Und was denken die deutschen Gewerkschafter? Diese Bilder erinnern sie an den traditionellen 1.-Mai-Straßen-Guerilakrieg in Kreuzberg. Autonome gegen Polizei. Ein Albtraum.

Manchmal werden auch die Franzosen handgreiflich: Die Chefs werden eingesperrt, herumgestoßen. Der Personalchef von Air France klettert mit nacktem Oberkörper und zerrissenem Hemd über einen Zaun, um den wütenden Angestellten zu entkommen. Sie protestieren gegen die geplante Umstrukturierung der Fluggesellschaft. Hunderte Stellen sollen gestrichen werden. Die deutschen Gewerkschafter sind wieder entsetzt: Dass es so weit kommen kann! Bei uns hat man so was noch nie gesehen. Aber ich stelle mir gerne vor, dass sie auch ein bisschen gerührt sind: diese Südländer mit ihrem heißen Blut.

Also: Kein Occupy Künzelsau. Kein Nuits debout in Gütersloh. Ich frage mich, was die Deutschen wirklich über all diese Demos, Sit-ins, Platzbesetzungen denken. Über die Art, dass Franzosen massenhaft auf die Straße gehen, um zu sagen, was sie denken. Hunderte von Menschen treffen sich spontan, ohne Führung, ohne Gewerkschaften, ohne Reglement rund um die riesige Statue der Marianne auf der Place de la République in Paris. Das hat doch was! Gern würde ich die deutschen Gewerkschafter fragen, wenn sie mit ihrer Streiklosigkeit angeben, ob sie in ihrer tiefsten Seele nicht doch ein wenig frustriert sind, dass sie nie auf eine Barrikade gestiegen sind. Ob sie sich nicht ein wenig überflüssig fühlen? Sogar kastriert? Sie würden meine Frage wohl nicht verstehen: Wir haben unseren König nie geköpft. Also werden wir unserem Chef auch nicht das Hemd zerreißen!

Weitere Titel von Pascale Hugues

Marthe & Mathilde.
Eine Familie zwischen Frankreich und Deutschland

In den Vorgärten blüht Voltaire.
Eine Liebeserklärung an meine Adoptivheimat

Ruhige Straße in guter Wohnlage.
Die Geschichte meiner Nachbarn

Deutschland à la française

Das für dieses Buch verwendete Papier ist FSC®-zertifiziert.